Bibliografische Information der Deutschen Nationalbibliothek:

Die Deutsche Bibliothek verzeichnet diese Publikation in der Deutschen National-
bibliografie; detaillierte bibliografische Daten sind im Internet über http://dnb.d-
nb.de/ abrufbar.

Impressum:

Copyright © 2017 GRIN Verlag
Druck und Bindung: Books on Demand GmbH, Norderstedt Germany
ISBN: 9783668641808

Dieses Buch bei GRIN:

https://www.grin.com/document/412007

Jonas Rosenberger

Öko Business. Greenwashing oder neues Geschäftsmodell?

GRIN Verlag

GRIN - Your knowledge has value

Der GRIN Verlag publiziert seit 1998 wissenschaftliche Arbeiten von Studenten, Hochschullehrern und anderen Akademikern als eBook und gedrucktes Buch. Die Verlagswebsite www.grin.com ist die ideale Plattform zur Veröffentlichung von Hausarbeiten, Abschlussarbeiten, wissenschaftlichen Aufsätzen, Dissertationen und Fachbüchern.

Besuchen Sie uns im Internet:

http://www.grin.com/

http://www.facebook.com/grincom

http://www.twitter.com/grin_com

Inhaltsverzeichnis

1 Einführung

Ökologisches Schaffen wird in unserer heutigen, digitalisierten und vernetzten Welt ein immer bedeutender werdendes Anliegen der Gesellschaft – sei es in Politik und Wirtschaft auf der einen Seite, oder beim Konsumentenverhalten auf der anderen. Die jeweiligen Umweltleistungen der Unternehmen unterscheiden sich grundlegend und sind oftmals sogar entscheidend für deren wirtschaftlichen Erfolg. Allgemein wird in einer Volkswirtschaft stets eine gesellschaftliche Wohlstandsvermehrung angestrebt, was zwangsweise mit dem wirtschaftlichen Wachstum gleichgestellt wird. Der Begriff Wachstum wird konventionell mit einer materiellen, quantitativen Zunahme einer Größe verbunden und lässt sich auf diese Weise nur noch schwer mit einer nachhaltigen Entwicklung vereinbaren, da die natürliche Umwelt in ihren Ressourcen endlich begrenzt ist.[1] Nachhaltigkeitsmaßnahmen sollten in erster Linie das jeweilige Unternehmen langfristig auf den Markt ausrichten und die Weichen für ein komplikationsloses Weiterbestehen im Hintergrund der fortschreitenden Digitalisierung stellen.[2] Jedoch bereiten solche Investitionen zugleich hohe Kosten und es lassen sich verschiedene Motive für Umweltleistungen in den Unternehmen identifizieren. Allgemein wird zwischen heteronomen und autonomen Beweggründen unterschieden. Letzteres beschreibt hierbei die freiwillige, vorbeugende Entschärfung von Konflikten und wird beispielsweise oft aus Liebe zur Natur oder mit dem Wunsch, die Artenvielfalt und die Schönheit der Natur für die nachfolgenden Generationen zu gewährleisten, betrieben. Da dieses Motiv allerdings sehr kostspielig und auch nur in geringem Maße die kurzfristige Wettbewerbsfähigkeit eines Unternehmens fördert, sind überwiegend heteronome Motive Gründe für die Durchsetzung von Nachhaltigkeitsmaßnahmen. Diese werden wiederum auf Markt, gesellschaftliche Gruppen und Staat aufgespalten. Der Markt steht hierbei für die Nachfrage nach umweltfreundlichen Gütern oder sowohl für die externen Interessen wie Imageverbesserung, Bildung strategischer Allianzen und Standortsicherung, als auch für die internen Anlässe wie Forschung und Entwicklung, Verbesserung der Motivation und der Förderung von Innovations- und Arbeitsklima. Gesellschaftliche Gruppen bilden beispielsweise Parteien und Gewerkschaften, um zur Teilnahme am Umweltpakt aufzufordern oder um zu einer Verbesserung der Arbeitsbedingungen aufzurufen. Staatliche Institutionen erlassen andererseits Gesetze oder fordern höhere Umweltabgaben, um sich auch auf politischer Ebene für eine nachhaltige Entwicklung zu engagieren.[3] All diese heteronomen Einflüsse hat jedes Unternehmen umzusetzen, da sonst eine langfristige Beteiligung auf dem Markt nicht möglich wäre. Die autonomen Maßnahmen hingegen werden nicht vom Gesetzgeber verlangt und dienen nur der eigenen Besserstellung gegenüber den Konkurrenten. Explizit auf solche

---

[1] Vgl. GÜNTHER u.a. 2000, S. 21
[2] Vgl. TERRA INSTITUTE, aufgerufen am 31.10.2017
[3] Vgl. STAHLMANN u.a. 2004, S. 33

Unternehmen, welche sich mit besonderem Ehrgeiz für die Umwelt einsetzen und auf ökologische Maßnahmen vertrauen, werde ich im späteren Verlauf ganz besonders eingehen. Inwieweit ein solches Leitbild den unternehmerischen Erfolg fördern kann, werde ich anhand von praxisnahen Beispielen aus der Wirtschaft darlegen.

2 Maßnahmen zur Förderung der ökologischen Nachhaltigkeit

In nahezu jedem Betrieb sind Kosteneinsparungen durch umweltschonende Maßnahmen möglich. Dabei wird in den meisten Fällen der Abfall reduziert, und sowohl der Energie- als auch der Ressourcenaufwand minimiert.[4] Solche Investitionen bringen viele Vorteile mit sich. Zum einen wird das für den Wettbewerb essentielle Image verbessert, steigert zugleich die eigene Rechtssicherheit und vereint damit die Ziele für das Unternehmen. Zum anderen aber profitieren zugleich Umwelt und Wirtschaft, da schädliche Umweltauswirkungen verringert werden und das Wirtschaftswachstum vom ansteigenden Ressourcenverbrauch entkoppelt wird. Im Folgenden soll zunächst auf ein erfolgreiches Beratungsprogramm der Stadt Wien näher eingegangen werden, welches sich es als Ziel setzt, saubere Gewinne für Umwelt und Unternehmen durch ökologisches Wirtschaften zu erzielen.[5]

2.1 OekoBusiness Wien

OekoBusiness Wien ist eines der Leitprojekte der Wiener Nachhaltigkeitskoordinationsstelle und ist eng mit vergleichbaren Initiativen auf der ganzen Welt vernetzt, um den Wissenstransfer zu Stadt- und Regionalverwaltungen im In- und Ausland voranzutreiben. Über 1.100 Wiener Betriebe sind Teil des Netzwerks und haben sich bereits einmal oder mehrmals von OekoBusiness Wien beraten lassen und erkannt, dass sich umweltschonende Maßnahmen auch wirtschaftlich rechnen.[6] Um der Vielfalt der Wiener Unternehmen gerecht zu werden, gibt es bei OekoBusiness Wien Angebote für unterschiedliche Betriebsgrößen und Branchen. Ziel ist es, die Effizienz und Sparsamkeit durch nachhaltiges Wirtschaften zu fördern. Im Rahmen des Projektes zeichnet die Stadt Wien alljährlich Unternehmen aus, die sich durch besonders innovative Umweltprojekte auszeichnen. Damit würdigt die Stadt betriebliche Projekte und Ideen, mit denen Energie, Abfall und Ressourcen eingespart werden. Von diesen Wettbewerben und Preisen profitieren alle teilnehmenden Unternehmen ganz besonders, da diese Auszeichnungen sowohl von Politik und Wirtschaft, als auch von den Verbrauchern geschätzt werden und indirekt für Marketingzwecke benutzt werden können.[7]

2.2 Getätigte Maßnahmen und dadurch erzielte Einsparungen

„Umwelt und Wirtschaft sind längst kein Widerspruch mehr. Im Gegenteil, es handelt sich um

---

[4] Vgl. UMWELTBERATUNG, aufgerufen am 31.10.2017
[5] Vgl. OEKOBUSINESS WIEN, aufgerufen am 30.10.2017
[6] Vgl. OEKOBUSINESS WIEN, aufgerufen am 29.08.2017
[7] Vgl. OEKOBUSINESS WIEN, aufgerufen am 29.08.2017

eine Win-Win-Situation für beide Seiten" [8] – so die Wiener Umweltstadträtin Ulli Sima. Sie ist eine von vielen, die das Angebot von OekoBusiness Wien nur gutheißen kann. Die Neuerungen in den einzelnen Unternehmen reichen hierbei von Systemoptimierungen, über wiederverwendbare Ressourcen bis hin zu intelligenten Heizungsverfahren. Jedes einzelne der über 10.000 Umweltprojekte, welche bereits von den Betrieben umgesetzt wurden, hat einen positiven Einfluss auf unsere Umwelt und zugleich auf die Betriebskosten. Beispielsweise hat sich eine Druckerei aus Melk in Österreich dieses Anliegen ganz besonders zu Herzen genommen und setzt vor allem auf Recycling, abbaubare Materialien und nachhaltiges Wirtschaften. So konnten 2004 rund 258 Tonnen CO_2 eingespart werden, indem das Unternehmen ausschließlich Ökostrom aus Wasser-, Wind-, Biomasse- und Sonnenkraft einsetzte. Die Büroräume werden mit Abluft aus der Maschinenhalle beheizt, bei der Produktion vorzugsweise Papiere mit Umweltzeichen sowie biologisch abbaubare Druckfarben und Lacke auf pflanzlicher Basis eingesetzt. Auch bei der Reinigung der Maschinen wird darauf geachtet, biologisch abbaubare Reinigungsmittel und Mehrwegtücher zu verwenden. Selbst in der Betriebsküche werden Zutaten aus regionalem, kontrolliert-biologischem Anbau sowie Fair-Trade-Produkte verwendet. Dieses ganzheitliche Konzept wurde im April 2005 sogar mit dem Golden Pixel Award ausgezeichnet.[9]

Als günstige Ökoenergie vermarktet seit 2004 die Firma Stallinger ihre Holzbriketts. Als Rohstoffe werden dafür ausschließlich reine Hobelspäne aus mitteleuropäischem Nadelholz verpresst und ohne Bindemittel verarbeitet. Holzbrennstoffe wie dieser liegen derzeit immerhin um bis zu 50 Prozent unter dem Preisniveau von Erdöl. Damit schont Ökoenergie nicht nur die Umwelt, sondern auch das Budget.[10] Damit gehen die Ziele aller Beteiligten auf – sowohl für die Umwelt, als auch für das investierende Unternehmen. Dabei bleibt jedoch noch immer ungeachtet: der ideelle Imageeinfluss, der für das Konsumentenverhalten und somit für den wirtschaftlichen Erfolg grundlegend von großer Bedeutung ist.

„Die von den Betrieben erarbeiteten freiwilligen Maßnahmen rechnen sich. Bereits im Zeitraum von zwei Jahren haben sich die meisten Investitionen in den Umweltschutz für den Betrieb amortisiert." [11]

3 Ökologische Verantwortung der Global Player

Die Globalisierung ist in der heutigen Zeit ein Themengebiet, das in der öffentlichen Diskussion und in den Medien sehr präsent ist. In den letzten Jahren haben sich jedoch in Deutschland verstärkt Ängste und Sorgen unter der Bevölkerung verbreitet. Globalisierung wird häufig mit steigendem internationalen Konkurrenzdruck, Mehrarbeit und Arbeitsplatzverlust in

---

[8] RIEGLER 2005, S. 33
[9] Vgl. RIEGLER 2005, S. 32
[10] Vgl. RIEGLER 2005, S. 33
[11] RIEGLER 2005, S. 33

Verbindung gebracht.[12] Der steigende Konkurrenzdruck für kleine und mittelständische Unternehmen bewirkt eine zunehmende Herausbildung weltweit agierender multinationaler Unternehmen[13], da oftmals das notwendige Kapital für Standortverlagerungen oder Outsourcing-Programme fehlt. Aus diesem Grund kommt es vermehrt zu feindlichen Übernahmen.[14] Seit den 1970er-Jahren hat sich die Zahl der transnationalen Unternehmen mehr als verfünffacht. Allein zwischen 1990 und 2008 stieg die Gesamtzahl der TNK[15] von rund 35.000 auf 82.000, während zeitgleich die Anzahl der Tochterunternehmen der TNK sogar von 150.000 (1990) auf mehr als 800.000 (2008) emporschoss. Im Zuge von zahlreichen Fusionen nimmt die Zahl der multinationalen Unternehmen weiter zu. Zwei Drittel des Weltmarktes werden durch die TNK beherrscht. Eine Gruppe von Firmen aus 16 Staaten wickelt mehr als 70 % aller Exporte ab. Diese Gruppe setzt sich ausschließlich aus Unternehmen westeuropäischer, nordamerikanischer und asiatischer Staaten zusammen. Die fünf weltweit größten Global Player sind Apple, Exxon Mobil, Berkshire Hathaway, Google und Microsoft - deutsche Firmen sind mit Volkswagen auf dem 49. und Bayer auf dem 50. Platz vertreten.[16] Die daraus entstehenden Folgen, wie beispielsweise Standortverlagerungen in andere Länder, bewirken gravierende Missstände für alle Beteiligten (Menschen, Unternehmen, Staat) in den Ländern der Dritten Welt. Des Weiteren gibt es sowohl in den Industriestaaten wie auch in den armen Regionen nichtökonomische Auswirkungen (vor allem soziale und ökologische) in zahlreichen Lebensbereichen, die letztlich bis zu einer Bedrohung der Menschheit durch eine Klimakatastrophe sowie Armut, Krankheit und Hunger für Millionen Menschen reichen.[17]

3.1 Stellungnahme zu aktuellen Geschehnissen

Seit dem Jahr 2015 spitzt sich die Diesel-Affäre immer weiter zu – auf Kosten der deutschen Autobauer. Im September 2015 hatte der VW-Konzern eingestanden, bei Abgastests mithilfe einer Software die Ergebnisse für Dieselwagen manipuliert zu haben. Diese Software erkennt, wenn ein Auto auf dem Prüfstand getestet wird und schaltet den Motor dann in einen Modus um, in dem er deutlich weniger Stickoxide ausstößt. Weltweit ging es um etwa elf Millionen Autos der Konzernmarken VW-Pkw, VW-Nutzfahrzeuge, Audi, Seat und Skoda. Ungefähr eineinhalb Jahre später kommen nun auch Autobauer wie Daimler, BMW und Porsche ins Visier des Kartellamtes und müssen sich vor Gericht wegen zu hohen Abgaswerten rechtfertigen. Der Skandal um manipulierte Abgaswerte hat dem Volkswagen-Konzern allein

---

[12] Vgl. SCHEIDE 2008/09, S. 1
[13] Vgl. ELLRICH u.a. 2004, S. 2
[14] Vgl. GLOBALISIERUNG FAKTEN, aufgerufen am 30.10.2017
[15] TNK: transnationale Konzerne; arbeiten unabhängig von nationalen Grenzen
[16] Vgl. ELLRICH u.a. 2004, S. 3
[17] Vgl. KUBISS, aufgerufen am 30.08.2017

im dritten Quartal 2015 Milliardenverluste eingebracht. Deren EBIT-Kennzahl[18] vermerkte ein Minus von rund 3,5 Milliarden Euro, unter dem Strich lag das Ergebnis bei minus 1,7 Milliarden Euro. Dies war der erste Quartalsverlust für Volkswagen seit mehr als 20 Jahren. Nur durch den Verkauf der gehaltenen Suzuki-Anteile konnte VW 1,5 Milliarden Euro als positiven Sondereffekt im Finanzergebnis aufweisen und dadurch die Diesel-Folgen ein wenig lindern.[19] „Bereits ohne die Sammelklagen könnten auf Volkswagen Kosten von rund 50 Milliarden Euro zukommen, im schlimmsten Falle müsse VW sogar mit bis zu 100 Milliarden Euro rechnen" – so der Präsident des Deutschen Instituts für Wirtschaftsforschung Marcel Fratzscher, „allerdings würde die Summe nicht auf einen Schlag fällig."[20]

Auch an der Börse hat VW innerhalb weniger Tage einen großen Absturz in Kauf nehmen müssen, was darauf schließen lässt, dass sich Aktionäre hintergangen fühlten und kein Vertrauen mehr in die Marke hatten. Somit stürzte der Unternehmenswert von 167,90 € auf 130,30 € innerhalb von rund 50 Stunden (vgl. Abbildung 2).

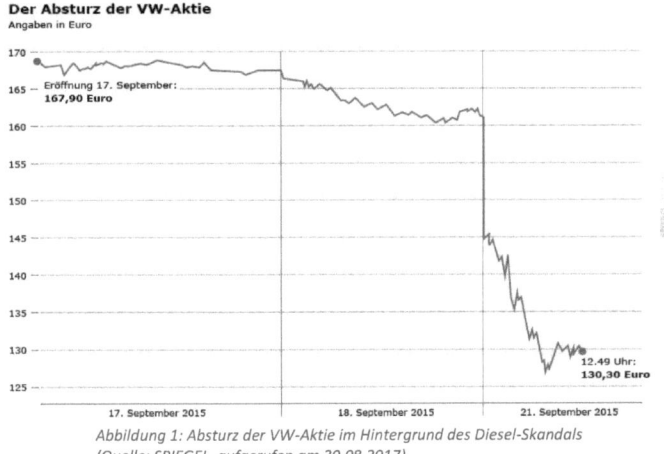

Abbildung 1: Absturz der VW-Aktie im Hintergrund des Diesel-Skandals (Quelle: SPIEGEL, aufgerufen am 30.08.2017)

Der Skandal rund um die Diesel-Affäre hat VW dabei nicht nur im materiellen Sinne - wie bisher beschrieben - geschadet, sondern er hat noch einen viel größeren, immateriellen Schaden angerichtet: das Vertrauen der Kunden in die deutschen Autobauer. Jahrzehntelang wurde mit sehr viel Ehrgeiz und Sorgfalt die Marke „Made in Germany" herausgebildet, welche seither allen möglichen Ansprüchen in Qualität und Kundenzufriedenheit gerecht geworden ist. Angefangen mit Carl Benz, welcher bereits 1886 die Grundsteine mit dem ersten patentierten Automobil[21] gelegt hatte, über die vielen erfolgreichen Entwicklungsjahre, bis hin zum größten

---

[18] EBIT (engl. earnings before interest and taxes): Gewinn vor Zinsen und Steuern
[19] Vgl. ZEIT ONLINE, aufgerufen am 30.08.2017
[20] ZEIT ONLINE, aufgerufen am 30.08.2017
[21] Vgl. DAIMLER, aufgerufen am 14.10.2017

Industriezweig der deutschen Wirtschaft. Dieser fatale Imageschaden wird, wenn überhaupt, nur über einen sehr großen Zeitraum wieder aufgehoben werden können. Dieser Vorfall betrifft also nicht nur die Autobauer, sondern die gesamtdeutsche Wirtschaft. Vor allem im Hintergrund des Klimawandels und dem steigenden Öko-Interesse, verliert Deutschland immer mehr an Glaubwürdigkeit und nimmt somit schwere Einbußen in Kauf.

In Hinsicht auf die Manipulation der Diesel-Abgaswerte bei weltweit elf Millionen Fahrzeuge bekräftigte der neue Vorstandschef Matthias Müller, dass Volkswagen die Abgaswerte seiner Fahrzeuge in Zukunft von externen, unabhängigen Forschern prüfen und bestätigen lassen wolle. Auch sollten Fahrzeuge stichprobenweise unter realen Straßenbedingungen getestet werden. Der Konzern mit seinen zwölf Marken werde bis 2020 rund 20 weitere Modelle mit Elektro- oder Hybridantrieb auf den Markt bringen, kündigte Müller an. Jedoch müsse die Politik die Unternehmen unterstützen, um die von den Kunden bisher kaum gefragten Elektroautos zum Erfolg zu machen. So brauche Europa schnellstmöglich ein flächendeckendes Netz an Schnell-Ladestationen. Das Vertrauen der Kunden werde nur wachsen, wenn es eine sichtbare und funktionierende Infrastruktur gebe.[22]

„Anständiges Verhalten ist Voraussetzung dafür, wirtschaftlich nachhaltig erfolgreich zu sein"[23] – so ein Zitat der früheren Bundesverfassungsrichterin Hohmann-Dennhardt. Genau diese Bedingung ist auch Voraussetzung dafür, dass ein Geschäftsmodell nicht unter Greenwashing fällt. Dies bezeichnet nämlich sämtliche Unternehmen, welche diesem in der Öffentlichkeit ein umweltfreundliches und verantwortungsbewusstes Image verleihen, ohne dass es dafür eine hinreichende Grundlage gibt.[24] Volkswagen muss sich also dieses Vertrauen wieder Stück für Stück erarbeiten. Doch eine solche Versprechung ist in der Wirtschaft kein Einzelfall. Im Anhang finden Sie einen Artikel, welcher implizit dieses Problem veranschaulicht.

Im Hintergrund des Skandals hat Konzernvorstand Matthias Müller eine komplette Neuorientierung eingeleitet. Mit der „TOGETHER – Strategie 2025" soll VW zu einem weltweit führenden Anbieter nachhaltiger Mobilität aufsteigen. Investitionen in Höhe von über 20 Milliarden Euro sind den Angaben zufolge geplant. Außerdem wurde eine Elektrifizierungsoffensive eingeläutet. Bis zum Jahre 2025 soll diese über alle Konzernmarken mehr als 30 neue Stromfahrzeuge auf den Markt bringen. Bereits 87 von rund 340 Modellvarianten sollen unter dem ab 2021 gültigen Grenzwert von 95 Gramm CO_2/Kilometer liegen. Ferner wird seit Ende 2016 ein hauseigenes Nachhaltigkeitsmagazin veröffentlicht, welches in regelmäßigen Abständen über die Lehren aus dem Skandal und Zukunftsaussichten berichtet.[25]

---

[22] Vgl. REUTERS 2016, S. 4
[23] WISCHNIEWSKI 2016, S. 7
[24] Vgl. PWC, aufgerufen am 30.08.2017
[25] Vgl. WISCHNIEWSKI 2016, S. 9

3.2 Implementierung in deren Produktionskette

Aufgrund des schwerwiegenden Vorfalls baut Volkswagen die Produktion grundlegend um. Die bis 2018 gesetzten Einsparziele wurden bereits im zweiten Quartal 2017 erreicht und wurden deshalb erhöht. In den nächsten Jahren sollen Fahrzeuge und Komponententeile insgesamt um 45 Prozent umweltverträglicher gebaut werden als noch in 2010 – dem Referenzjahr des laufenden Umweltprogramms.[26] Deren Ziel besteht darin, durch eine nachhaltige Umstellung von Produkt-Planung und Produktion und weiterer Maßnahmen Energie in all ihren Formen einzusparen.[27] Seit 2010 wurden weltweit 5.300 Maßnahmen zur Verringerung von Emissionen und einer noch effizienteren Nutzung von Ressourcen umgesetzt. Dabei wurden beispielsweise 16 bestehende Lackierereien optimiert und der Grundenergiebedarf der Fabriken in produktionsfreien Zeiten im Schnitt um 15 Prozent gesenkt. Außerdem beziehen acht internationale Standorte bereits Strom aus 100 Prozent erneuerbaren Energiequellen – allerdings keiner davon in Deutschland. Innerhalb von sechs Jahren sollen insgesamt schon mehr als 130 Millionen Euro eingespart worden sein.

Bei der Verarbeitung von Kunststoffen in den neueren Modellen können besonders viele Energien und Werkstoffe, wie beispielsweise verschiedene Metalle, eingespart werden, da sich der Kunststoff-Anteil bei Automobilen in den vergangenen Jahren deutlich erhöht hat. Da dieser Werkstoff leichter als die meisten Metalle ist, trägt es zu einem wesentlich niedrigeren Kraftstoffverbrauch bei.[28]

In Wolfsburg weist die Lackiererei gleich mehrere Neuerungen für einen sparsamen Betrieb auf[29] – zu diesen zählen eine wasserfreie Reinigung der Bauteile, effiziente Strahldüsen, eine effektive Abscheidung von Stäuben aus der Abluft sowie eine energieeffiziente Zwischentrocknung der Bauteile bei tiefen Temperaturen um die 50 Grad. Die Einsparungen, welche von der neuen Lackiererei gegenüber der herkömmlichen Technik hervorgerufen wurden, sind beträchtlich: VW zufolge sind in zwei Jahren insgesamt 86.600 Kubikmeter Wasser (Einsparung von 91 Prozent), rund 77.000 Megawattstunden Strom (minus 51 Prozent), 7.800 Tonnen an Kohlenwasserstoffen (minus 17 Prozent), 285 Tonnen VOC-Abgase (minus 94 Prozent) sowie etwa 20,7 Tonnen Feinstaub (minus 99 Prozent) eingespart worden.

Darüber hinaus ist Wasser unabdingbar für eine nachhaltige und energieeffiziente Produktion. Viele Werke des VW-Konzerns befinden sich in Gegenden, die von akuter Wasserknappheit betroffen sind, beispielsweise Uitenhage in Südafrika, Cordoba in Argentinien oder Palmela in Portugal. Volkswagen ist es seit dem Jahr 2010 durch diverse Maßnahmen gelungen, den

---

[26] Vgl. DEUTSCHE WIRTSCHAFTS NACHRICHTEN, aufgerufen am 30.09.2017
[27] Vgl. VERKEHRSRUNDSCHAU, aufgerufen am 31.10.2017
[28] Vgl. DEUTSCHE WIRTSCHAFTS NACHRICHTEN, aufgerufen am 30.09.2017
[29] Vgl. WAZ ONLINE, aufgerufen am 31.10.2017

Gesamtbedarf an Frischwasser pro Fahrzeug von durchschnittlich 4,13 Kubikmeter auf knapp unter 3 Kubikmeter zu vermindern. Die Neuerungen sind teilweise simpel, führen in der Masse jedoch zu sehr großen Einsparungen. Im spanischen Werk Puebla wird beispielsweise mittels der Umkehrosmose[30] Regenwasser für die Produktion genutzt und Abwasser gereinigt, in Salzgitter in Niedersachsen bereitet eine Recyclinganlage Abwasser als Nachsatzwasser für die Kühltürme des Werks auf und im indischen Pune bereitet ein moderner Biomembranreaktor Abwasser auf.[31]

Wie man den aufgeführten ökologischen Maßnahmen entnehmen kann, verwirklicht der VW-Konzern schon seit dem Jahr 2010 das Umweltprogramm „Think Blue. Factory." in deren Produktion und investiert mehr als nie zuvor in umweltschonende Produktionsverfahren.[32] Diese Investitionen sind andererseits nötig, um das Vertrauen zu allen Beteiligten wiederherzustellen und um den Bezeichnungen als Greenwashing-Konzern endgültig ein Ende zu machen.

3.3 Beschreibung der internationalen Auswirkungen

Riesige Konzerne wie Volkswagen, Daimler und Co. haben die Möglichkeit, über den Grenzen hinweg auf freien Märkten zu agieren, und wiederum dies ermöglicht es, fernab der Regelungen der Demokratie Entscheidungen zu treffen. Sie haben sich lediglich an die Vorgaben der Staaten, in denen sie agieren, zu halten. Natürlich versuchen die Gesetzgeber, die Interessen ihrer Bevölkerung zu wahren, jedoch stehen sie in Abhängigkeit zu den Unternehmen. Die Wettbewerbsfähigkeit und wirtschaftliche Kraft eines Staates hängt direkt von den Unternehmen ab, die in seinen Grenzen produzieren und der Bevölkerung Arbeit geben. Seitdem die Globalisierung eingetreten ist, stehen sie dabei in Konkurrenz mit den anderen Staaten. Setzt nun ein Staat besonders harte Vorschriften durch, so kann ein Unternehmen seinen Sitz einfach in ein anderes Land verlegen, welches somit wiederum von diesem Unternehmen profitiert. Des Weiteren sorgt der Konkurrenzkampf zwischen den multinationalen Unternehmen dafür, dass diese dazu gezwungen sind, ihre Effektivität zu maximieren.[33] Dies geschieht somit zwangsweise durch niedrige Löhne für die Arbeiter sowie teilweise gewissenlosem Umgang mit der Erde und ihren Ressourcen. Auf der Suche nach maximalem Profit lassen Global Player Fabriken in Schwellenländern errichten, in denen sie die Hilflosigkeit der dortigen Arbeiter ausnutzen. Sie zerstören die lokalen Strukturen und bieten der arbeitslosen, hungernden Bevölkerung eine Möglichkeit, ihr Überleben zu sichern – unter niedriger Bezahlung. Ein Schutz für die Arbeitnehmer existiert nicht oder wird durch die Konzerne umgangen, wodurch die Arbeiter oft zwölf Stunden am Tag für einen Euro Verdienst

---

[30] Umkehrosmose: physikalisches Verfahren zur Konzentrierung von in Flüssigkeiten gelösten Stoffen
[31] Vgl. DEUTSCHE WIRTSCHAFTS NACHRICHTEN, aufgerufen am 30.09.2017
[32] Vgl. AUTOMOBIL INDUSTRIE, aufgerufen am 31.10.2017
[33] Vgl. GLOBALISIERUNG FAKTEN, aufgerufen am 30.08.2017

arbeiten.[34] Außerdem werden Wälder gerodet, um Platz für Ackerbau zu schaffen, Böden durch Chemikalien unbrauchbar gemacht und Meere leergefischt, weil moralische Aspekte ebenso wie die Kontrolle von Institutionen oder Staaten in den riesigen Konzernen kaum zum Tragen kommen.[35]

Lediglich eine Instanz kann den aufsteigenden Konzernen Einhalt gebieten: die Nachfrage. Das zunehmende Bewusstsein der Menschen über die Probleme der laufenden Globalisierung hat dazu geführt, dass die Global Player stark auf den Ruf bei ihren Kunden achten müssen. Käme es in die Schlagzeilen, dass ein Unternehmen besonders schlechte Arbeitsbedingungen in seinen Fabriken tolerieren lässt, so würde sich dies negativ auf den Umsatz niederschlagen. Das Unternehmen müsste nun reagieren und ihren Kurs im Umgang mit den Arbeitern neu überdenken.[36]

Die Nachfrage ist außerdem der Grundbaustein, auf dem jede noch so kleine und unbedeutende wirtschaftliche Aktion basiert. Sie ist des Weiteren Grundlage für die Existenz eines Wettbewerbs. Deswegen ist es umso wichtiger, dass jeder einzelne Marktteilnehmer ehrlich und zugleich transparent agiert, sodass jedem dieselben Chancen und Möglichkeiten geboten werden.[37] Dies wurde im Fall der Diesel-Affäre keineswegs berücksichtigt und es stellte sich hierbei ein klarer Verlierer heraus: die Kunden. Da mittlerweile noch andere Autobauer hinters Licht geführt wurden, steigt die Anzahl der betroffenen Menschen immer weiter. Letzten Endes nehmen alle Beteiligten Schaden daran, da durch die Manipulation unsere Umwelt beträchtlich in Mitleidenschaft gezogen wird.

Abschließend kann man sagen, dass die Entscheidungen der Global Player für alle Menschen weltweit Auswirkungen haben und jeder dies zu spüren bekommt – sei es über die Politik, im Konsumgüterkauf oder eventuell sogar im eigenen Arbeitsleben.[38]

4 Startups

Der folgende Abschnitt wird sich um alles Wissenswerte aus dem Bereich der Startups drehen, welche sich die ökologische Nachhaltigkeit zum Leitsatz ihres Geschäftsmodells gemacht haben. Immer mehr junge Unternehmer vertrauen auf dieses Modell und wollen so eine vernetzte, digitale und vor allem grüne Welt schaffen. Im Folgenden werden die beiden Startups FlixBus und Locomore genauer unter die Lupe genommen – vor allem in Hinsicht auf Geschäftsidee, Nachhaltigkeitsgedanke und deren Bestehen auf dem Personenbeförderungsmarkt, welcher sich ja ganz besonders den Hürden des stärker werdenden Ökologiedenkens stellen muss.

---

[34] Vgl. BUNDESZENTRALE FÜR POLITISCHE BILDUNG, aufgerufen am 31.10.2017
[35] Vgl. GLOBALISIERUNG FAKTEN, aufgerufen am 30.08.2017
[36] Vgl. GLOBALISIERUNG FAKTEN, aufgerufen am 02.09.2017
[37] Vgl. WIRTSCHAFTSLEXIKON24, aufgerufen am 31.10.2017
[38] Vgl. GLOBALISIERUNG FAKTEN, aufgerufen am 02.09.2017

11

4.1 FlixBus

Die FlixMobility GmbH, welche unter dem Namen FlixBus bekannt ist, wurde 2011 unter dem Namen GoBus von Jochen Engert, Daniel Krauss und André Schwämmlein gegründet, welche schon vor ihrer Gründung in dieser Branche Erfahrungen sammeln haben können und sich während ihres Studiums kennengelernt haben. Anfang 2013 wurde das Unternehmen in FlixBus unbenannt.[39]

4.1.1 Erfolgsweg und Geschäftsidee

Die Erfolgsgeschichte des Fernbus-Startups begann mit einer Gesetzesänderung. Über 70 Jahre lang hatte die Deutsche Bahn die Monopolstellung auf Fernreisen inne. Als sich die Gesetzeslage im Jahr 2013 änderte, drängten gleich mehrere junge Unternehmen auf den Fernbus-Markt. Bereits im Jahr 2011 hatten die drei FlixBus-Gründer auf die Lockerung der Gesetzgebung spekuliert und haben sich deswegen schon zwei Jahre lang vorbereiten können. Trotzdem brachte der Konkurrent MeinFernbus mit einer Ausnahmeregelung schon 2012 die ersten Busse auf die Straße und konnte so schon frühzeitig auf die Liberalisierung des Marktes mit weiteren Streckenangeboten reagieren. FlixBus zog erst im Februar 2013 mit seiner ersten Buslinie nach.[40]

Die Fahrtabwicklung erfolgt hierbei durch lokale mittelständische Busunternehmen. Einige Strecken werden über ein dem Codesharing[41] vergleichbares Verfahren von diversen anderen Anbietern ins eigene Buchungssystem übernommen, d. h. Fahrtrouten und -ziele werden in einem ganzheitlichen Pool zusammengeführt. Ende 2016 wurde bekannt, dass FlixBus unter seiner Flagge rund 1.000 Busse fahren lässt. Diese sind, bis auf einen einzigen eigenen Bus, Eigentum von rund 250 mittelständischen Partnerbetrieben, davon 150 in Deutschland. FlixBus selbst entwickelt dabei das Netz, organisiert den Betrieb und wickelt die Buchungen ab. Das Unternehmen verbindet Groß- und Mittelstädte über täglichen Linienverkehr mit einem flächendeckenden Liniennetz. FlixBus wirbt des Weiteren mit komfortablen Bussen inklusive Bord-WC, dem Verkauf von Snacks und Getränken und kostenlosem WLAN. Tickets werden primär über die eigene Onlineplattform vertrieben sowie über zahlreiche Reisebüros und in einzelnen Städten auch über eigene FlixBus-Stores. 2013 präsentierte FlixBus als erster Anbieter am deutschen Markt seine eigene Mobile App. Anhand dieser wird eine Buchung mittels mobiler Endgeräte ermöglicht und informiert zugleich über Verspätungen, die nächsten Abfahrtszeiten und die Lage der Haltestellen.[42]

Etwas später trat mit der Deutschen Post ein finanzstarker Konkurrent in den Markt ein. Doch letztendlich setzte sich FlixBus durch: zuerst fusionierte das Münchner Startup 2015 mit dem

---

[39] Vgl. FLIXBUS, aufgerufen am 31.08.2017
[40] Vgl. WEIMER 2017, S. 1
[41] Codesharing: ursprünglich ein Verfahren im Luftverkehr; Fluggesellschaften teilen sich Linienflug
[42] Vgl. BERLINER MORGENPOST, aufgerufen am 18.10.2017

ehemaligen Konkurrenten MeinFernbus, ein Jahr darauf wurde Megabus und Postbus übernommen. Derweil beschäftigt FlixBus über 1.000 Mitarbeiter an insgesamt sieben Standorten. Große Investoren wie Silverlake, Holtzbrinck Ventures und der deutsche Autobauer Daimler sind an FlixBus beteiligt. Die Höhe der Finanzierungen jedoch, bleiben seit Beginn der Unternehmensgeschichte unbekannt.[43]

Die Gründe, warum sich von FlixBus immer mehr Menschen von A nach B befördern lassen, sind vielfältig. Das wichtigste Argument ist aber unzweifelhaft der Preis: für 22 Euro von München nach Berlin, oder für neun Euro von Berlin nach Hamburg – bei diesen Preisen können andere Fernbusunternehmen kaum mithalten. Bei dieser Preispolitik kommen natürlich viele Zweifel von Außenstehenden auf, doch FlixBus selbst bleibt sich seiner Linie treu und verweist auf die vielen Subunternehmer, welche schon seit einigen Jahren für FlixBus fahren und dieser Marke nach wie vor Vertrauen.[44]

„Wir wollen uns nicht auf den Preis reduzieren lassen, unsere Devise ist: günstig ja – billig nein." [45]

Zudem sind starke Partner die Basis für den schnellen Erfolg des Startups. FlixBus vereint traditionelle Busunternehmen, Vertriebspartner aus ganz Europa, moderne und zugleich nachhaltige Marketing-Kooperationen und führende Technologie- und Software-Experten in einem internationalen Mobilitätsanbieter.[46]

Besonders hervorzuheben sind hierbei die vielen Marketing-Projekte, welche bei keinem anderen Unternehmen dermaßen ausgeprägt sind und grundlegend für die schnelle Popularisierung der Marke verantwortlich sind. Dazu gehören beispielsweise Affiliate-Partner, welche auf deren eigenen, unabhängigen Webseiten Werbung für FlixBus schalten, oder auch sämtliche Influencer-Kooperationen, durch welche vor allem junge Kunden über die sozialen Netzwerke den Weg zu FlixBus finden sollen. Auf diese moderne Art von Werbung werde ich jedoch im späteren Verlauf nochmal genauer eingehen.

4.1.2 Nachhaltigkeitsgedanke

Der Fernbus gewährleistet nicht nur ein sicheres und günstiges, sondern auch ein umweltschonendes Reisen. Der durchschnittlich ausgelastete Reisebus ist im Vergleich zu Bahn, Flugzeug und PKW nachweislich das umweltfreundlichste Verkehrsmittel. Wie diverse Studien belegen, verbraucht ein gut ausgelasteter Fernbus am wenigsten Treibstoff und hat zugleich den geringsten CO_2-Ausstoß. Nur noch Fahrradfahren oder zu Fuß gehen wäre umweltfreundlicher. Hinzu kommt, dass der Fernbus auch Vorteile für die Verkehrssituation auf Deutschlands Straßen und Autobahnen bringt. Indem er vergleichsweise zur selben Anzahl

---

[43] Vgl. WEIMER 2017, S. 2
[44] Vgl. OBERHUBER 2017, S. 5
[45] OBERHUBER 2017, S. 5
[46] Vgl. FLIXBUS, aufgerufen am 31.08.2017

Auto-Reisender viel Platz auf der Straße spart, werden Staus reduziert und zugleich weniger Straßenlärm erzeugt, wie eine RDA Umweltstudie von 2009 belegt.

Auch wenn man zunächst nur den Treibstoffverbrauch betrachtet, zeigt sich die Vormachtstellung der Fernbusse schon deutlich. Laut einer Studie des Bundesumweltamtes wurden für einen Fernbus 60-prozentiger Auslastung 1,4 Liter Kraftstoffverbrauch pro Reisenden auf einer Strecke von 100 Kilometern erfasst. Auf Schienen kommt man dagegen auf 2,5 Liter pro 100 gefahrenen Kilometern. Deutlich mehr Energie verbrauchen zum einen das Auto mit 6 Litern und zum anderen das Flugzeug mit 5,6 Litern pro Person auf 100 Kilometern.

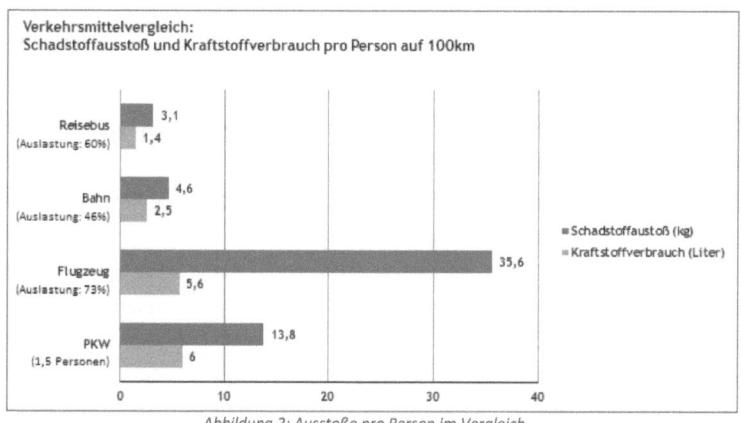

Abbildung 2: Ausstöße pro Person im Vergleich
(Quelle: FERNBUSSE, aufgerufen am 31.08.2017)

Kohlendioxid (CO_2) ist im Verkehrsbereich das gefährlichste Treibhausgas, jedoch auch Distickstoffoxid (N_2O) und Methan (CH_4) wirken klimaschädlich.[47] Diese Stoffe werden zunächst in CO_2-Äquivalenten umgerechnet und anschließend in Wirkung und Menge auf den CO_2-Ausstoß bezogen.[48] Laut der obenstehenden Grafik gewinnt auch in dieser Kategorie der Fernbus. Demnach wurde bei mittlerer Auslastung ein Emissionswert von 3,1 Kilogramm CO_2 pro Person auf 100 Kilometern ermittelt. Im Vergleich zum Flugzeug ist dieser Wert verschwindend klein. Damit stellt der Fernbus das umweltfreundlichste Verkehrsmittel dar und trägt deutlich dazu bei, dass Treibhausgase im Personenverkehr drastisch reduziert werden.[49] Zusätzlich bietet FlixBus seinen Kunden an, nicht nur umweltfreundlich, sondern sogar klimaneutral zu reisen. Dabei lassen sich schon bei der Buchung die Treibhausgasemissionen für die Busreise individuell berechnen und beim Ticketkauf ganz einfach mit einer Zuzahlung kompensieren. Die Kosten für den Klimaausgleich liegen dabei für den Kunden bei etwa ein

---

[47] Vgl. FERNBUSSE, aufgerufen am 31.08.2017
[48] Vgl. WELT, aufgerufen am 31.10.2017
[49] Vgl. FERNBUSSE, aufgerufen am 31.08.2017

bis drei Prozent des Ticketpreises. Dieses Projekt wird bereits seit Oktober 2013 durchgeführt und damit konnten schon viele Klimaschutzprojekte in den Entwicklungsländern mit Erfolg finanziert werden.[50] In Zusammenarbeit mit atmosfair werden verschiedenste Projekte unterstützt. Im Jahr 2017 werden die Kompensationsbeiträge in energieeffiziente Öfen in Ruanda investiert. Diese Brennöfen tragen dazu bei, dass beim Kochen im ländlichen Raum rund 80% weniger Holz im Vergleich zu den traditionellen Feuerstellen verbraucht wird. Im Jahr 2016 konnten die Klimaschutzbeiträge erfolgreich in ein Windenergieprojekt auf der Karibikinsel Aruba investiert werden. Dadurch wurde sowohl die lokale Wirtschaft durch Schaffung neuer Arbeitsplätze bei Bau, Betrieb und Wartung der Windanlagen geschaffen, als auch eine Förderung der regionalen Infrastruktur und eine Verbesserung der lokalen Luftqualität hervorgerufen.[51] Welche Projekte jeweils unterstützt werden sollen, können die FlixBus-Fans auf Facebook entscheiden.

All diese Daten und Fakten sind unteranderem Gründe dafür, dass ein so schnelles Wachstum von FlixBus gewährleistet wurde. Dies ist vor allem auf die große Akzeptanz in der Gesellschaft zurückzuführen, was bedeutet, dass eine zunehmende ökologische Ausrichtung von Unternehmen nicht nur deren Image florieren lässt, sondern auch langfristig ökonomische Gewinne mit sich bringt. Verknüpft man dieses Umweltdenken mit ausreichend intelligentem Marketing, wird dieser Prozess noch beschleunigt. FlixBus hat auf diesem Wege innerhalb kürzester Zeit das volle Marktpotential ausschöpfen können.

4.1.3 Aktuelle Entwicklungen

Seit der Markteinführung 2013 boomt das Geschäft mit den bunten Bussen. Immer neue Streckenangebote und Linien wurden in den Betrieb aufgenommen. Anfangs wurden rund drei Millionen Fahrgäste gezählt, im Jahr 2015 lag die Anzahl schon bei 23 Millionen.[52] Doch momentan stagniert das Fahrtenangebot – und die Preise steigen, wenn auch moderat.[53] Im ersten Quartal 2017 war die Anzahl der Reisekilometer so niedrig wie seit 2014 nicht mehr – 2.862 Hin- und Rückfahrten. Vom Spitzenwert der 4.653 angebotenen Hin- und Rückfahrten im letzten Quartal 2015 ist der Marktführer also weit entfernt. Für eine solche Entwicklung gibt es aber eine einfache Erklärung: immer mehr regionale Busunternehmen ziehen sich aus dem Fernbusgeschäft zurück. Der Einstieg in die Branche ist zwar nicht sehr kapitalintensiv und außer der Übernahme des Fahrbetriebs kommen auch keine weiteren Verpflichtungen hinzu, jedoch fehlt vor allem oft kleineren Mitbewerbern die Kraft zum Durchhalten und nehmen oftmals den herkömmlichen, regionalen Fahrbetrieb wieder auf. Zu Beginn des Geschäfts sind die Zahlen rasant gestiegen, doch bald hätten einige Unternehmer gemerkt, dass die Branche

---

[50] Vgl. FERNBUSSE, aufgerufen am 29.06.2017
[51] Vgl. FLIXBUS, aufgerufen am 29.06.2017
[52] Vgl. DOLL 2017, S. 1-4
[53] Vgl. CHIP, aufgerufen am 31.10.2017

nicht zu ihnen passe.[54]

„Der Markt hat sich mittlerweile konsolidiert." [55] - so Klaus Sedelmeier vom Verband Baden-Württembergischer Omnibusunternehmer. FlixBus ist aber trotzdem nach wie vor europaweit die unangefochtene Nummer eins unter den Fernbussen mit 93 Prozent Marktanteil. Nach dem großen Hype im Jahr 2015 nutzt jetzt der Primus diese Position, um sein Streckennetz zu optimieren, d.h. wenig gewinnbringende Linien zu streichen oder angebotene Linien, welche sich aus den Übernahmen ergaben, auszudünnen. Obendrein will das Unternehmen ein effizientes Streckennetz und eine bessere Auslastung anstreben – welche mit momentan 60 Prozent bereits über dem Wert der Deutschen Bahn liegt.[56]

Trotzdem hat sich der Marktriese in den wenigen Jahren auf dem Markt behaupten können und etabliert sich sogar als Reise-Alternative neben Bahn, Flugzeug und PKW für den Urlaub.[57]

Neben dem Angebot an Fernbussen möchte sich FlixBus nun auch dem Geschäft mit der Bahn widmen. Mitte August 2017 wurde das insolvente Bahnunternehmen Locomore übernommen und nahm den Betrieb bereits wieder auf. Damit sollte der deutschen Bahn nun bald auf Augenhöhe begegnet werden, jedoch wird sich FlixBus weiterhin auf das Kerngeschäft konzentrieren. Diese Übernahme werde ich nächsten Teil, wenn über Locomore berichtet wird, noch vertiefen.

4.2 Locomore

Im Gegensatz zu den Fernbussen ist im Bahngeschäft mit einem viel bedeutenderen Konkurrenten zu rechnen: der Deutschen Bahn. Diese wurde bereits im Jahre 1835 gegründet[58] und beschäftigt seitdem über 300.000 Mitarbeiter.[59] Seit deren Gründung hat sie eine unangefochtene Monopolstellung im deutschen Bahnbetrieb inne. Aus diesem Grund steigen nur sehr wenige neue Unternehmen in dieses Geschäft ein. Eines davon ist Locomore. Dieses Startup will seit Dezember 2016 den Wettbewerb mit der Deutschen Bahn aufnehmen, und wird dabei von vielen Rückschlägen eingeholt.

4.2.1 Gründung und Geschäftsidee

Locomore hatte sich per Crowdfunding eine Basisfinanzierung von rund einer halben Million Euro sichern können.[60] Damit konnten zwar keine eigenen Züge finanziert werden, jedoch wurden alte Züge der Deutschen Bahn angemietet und aufwendig in Rumänien renoviert.[61]

---

[54] Vgl. DOLL 2017, S. 1-4
[55] DOLL 2017, S. 4
[56] Vgl. DOLL 2017, S. 5-6
[57] Vgl. FLIXBUS, aufgerufen am 30.10.2017
[58] Vgl. DEUTSCHE BAHN CHRONIK, aufgerufen am 18.10.2017
[59] Vgl. DEUTSCHE BAHN, aufgerufen am 18.10.2017
[60] Vgl. SPIEGEL ONLINE, aufgerufen am 11.09.2017
[61] Vgl. WELT, aufgerufen am 30.10.2017

Das Unternehmen startete auf der Strecke von Stuttgart über Frankfurt und Hannover nach Berlin. Unterwegs sollen weitere Städte angefahren werden, beispielsweise Göttingen, Kassel, Darmstadt und Heidelberg. Die Strecke soll täglich gefahren werden[62] und so vorzugsweise Studierende ansprechen, welche regelmäßig den Dienst in Anspruch nehmen sollten. Diese Zielgruppe gilt als sehr preissensibel, es kommt ihnen jedoch nicht auf die Minute an. Sehr wichtig ist hierbei auch die direkte Kommunikation mit anderen Reisenden. Es soll nämlich Abteile geben, in denen sich Gäste mit speziellen Interessen zusammenfinden können und sich so gezielt mit Gleichgesinnten vernetzen können – dem sogenannten Social Seating.[63]

Das Startup möchte vor allem schneller als die Konkurrenz auf der Straße, wie beispielsweise Fernbus und Auto, und eine Ergänzung zur Deutschen Bahn sein. Mit 200 km/h ist der Zug fast so schnell wie der ICE und deutlich schneller als ein Fernbus. Die Passagiere profitieren des Weiteren von Tischen, Steckdosen und WLAN, um in Ruhe arbeiten zu können. Das wichtigste Argument ist aber weiterhin der Ticketpreis: im Basistarif kostet eine Fahrt von Stuttgart nach Berlin zwischen 22 und 65 Euro – abhängig von Zeit der Buchung. Im Vergleich dazu kostet diese Fahrt bei der Deutsche Bahn 142 Euro und man fährt mit Locomore somit sogar billiger als mit BahnCard 50 (71 Euro).[64]

Falls das Angebot bei den Kunden gut aufgenommen wird und eine durchschnittliche Auslastung von 50 Prozent erreicht werden würde, spreche Locomore-Chef Derek Ladewig von weiteren Verbindungen nach München, Rügen und Köln. Unterstützt wurde das Unternehmen bis zur Jungfernfahrt im Dezember 2016 von rund 1.300 Kapitalgeber. Das Startup bietet hierfür eine Verzinsung von bis zu 4,15 Prozent pro Jahr, es wird jedoch auch auf die Risiken dieser Geldanlage hingewiesen.[65]

4.2.2 Nachhaltigkeitsgedanke

Die Züge von Locomore sind hierbei in vielerlei Hinsicht kundenfreundlich und nachhaltig unterwegs. Es wird auf hohe Standards beim Strombezug, im Bordbistro und im Kinderabteil geachtet. Der Zug wird folglich ausschließlich durch zertifizierten Ökostrom angetrieben, welcher von deren Partner, der NATURSTROM AG, stammt. Bei einem prognostizierten Jahresbedarf von rund 8,5 Millionen Kilowattstunden können so jedes Jahr 4000 Tonnen CO_2 eingespart werden. Zudem war bei der Auswahl des Stromlieferanten wichtig, dass mit dem Strombezug garantierte Investitionen in die Energiewende ausgelöst werden. Je Kilowattstunde Ökostrom, welche der Öko-Energieversorger für Locomore ins Bahnnetz liefert, investiert NATURSTROM einen festen Betrag in neue Ökostrom-Anlagen. Dieser Strom ist des Weiteren zertifiziert mit dem Grüner Strom Label, hinter dem die großen Umweltverbände

---

[62] Vgl. N-TV, aufgerufen am 30.10.2017
[63] Vgl. ROTHER 2017, S. 2
[64] Vgl. SPIEGEL ONLINE, aufgerufen am 11.09.2017
[65] Vgl. ROTHER 2017, S. 3

BUND und NABU stehen. Auch aufgrund der Höchstgeschwindigkeit von 200 km/h werden Energie und Kosten möglichst niedrig gehalten.[66]

Auch bei den angebotenen Speisen und Getränken wird sowohl auf Regionalität als auch auf fair gehandelte Produkte, wie z.B. Kaffee, gesetzt. Frische Backwaren, Snacks, Sandwiches und Kuchen werden von der Bio-Bäckerei Königsbäck aus Stuttgart, diverse Kaffees und Tees aus nachhaltigem Anbau bereitgestellt. Kaltgetränke sowie einige Bio-Säfte werden durch Voelkel vertrieben. Auf der Bordkarte wird auch darauf hingewiesen, Weckgläser sowie Verpackungen beim Personal zurückzugeben, da diese Teil eines Mehrwegsystems sind.[67]

Speziell für Familien mit Kinder hat man eigene Abteile bereitgestellt. Dazu zählt ein großer Platz zum Abstellen der Kinderwagen und eine zusätzliche Ecke zum Spielen inkl. Truhe mit Holzzug und Büchern zum Vorlesen.[68] Für die Ticketkontrolle kommen sogenannte Fairphones zum Einsatz und das Personal trägt unter anderem hochwertige Biobaumwollhemden, welche im Inland hergestellt wurden.[69]

4.2.3 Aktuelle Entwicklungen

Das Unternehmen hatte schon seit Beginn der Wirtschaftstätigkeit mit vielen Problemen zu kämpfen. Obwohl die Ziele der Crowdfunding-Aktion erreicht wurden, häuften sich die Ausgaben und es kam seit April 2017 vermehrt zu finanziellen Engpässen. Die Betriebskosten des Fernzuges zwischen Berlin und Stuttgart variierten je nach Tag und den vorhandenen Randbedingungen, wie beispielsweise der Wagennutzung, und konnten bei bis zu 30.000 Euro je Betriebstag liegen. Unter denen waren auch Fixkosten, die auch an Tagen anfielen, an denen der Zug nicht fuhr. Diese setzten sich unter anderem aus Trassen- und Stationskosten, Personalkosten, Entgelte für den Betrieb des Zuges durch Hector Rail, Stromkosten und Wartungskosten zusammen. Auch wurde das Startup nach eigenen Angaben durch die schwere Asymmetrie der Fahrgastzahlen überrascht. So waren die Fahrten an den Wochenenden oftmals komplett ausgebucht, während die Fahrten zur Wochenmitte eine sehr geringe Resonanz erfuhren und keinen wirtschaftlich darstellbaren Betrieb erlaubten.[70]

„Die Kassen sind leer. Das Unternehmen hat mir mitgeteilt, dass das Geld für keinen weiteren Tag reicht"[71], sagte der Berliner Rechtsanwalt Rolf Rattunde im Mai 2017. Das Unternehmen meldete schließlich Insolvenz an und hoffte nun auf einen neuen Investor, da sonst das Geld aus der Crowdfunding-Kampagne endgültig verloren gewesen wäre.[72]

Am 24. August 2017 nahm Locomore den Betrieb endlich wieder auf. Das tschechische

---

[66] Vgl. SONNENSEITE, aufgerufen am 11.09.2017
[67] Vgl. LOCOMORE, aufgerufen am 11.09.2017
[68] Vgl. WELT, aufgerufen am 11.09.2017
[69] Freundliche schriftliche Mitteilung von Martina K. (siehe Anhang) [70]
Vgl. TAZ, aufgerufen am 18.10.2017
[71] WELT, aufgerufen am 30.10.2017
[72] Vgl. WELT, aufgerufen am 30.10.2017

Eisenbahnunternehmen Leo-Express hat das insolvente Startup übernommen und betreibt ab sofort das Fernzuggeschäft auf der alten Strecke. Außerdem kooperiert Locomore künftig mit FlixBus. Der Fernbusanbieter übernimmt den Kundenservice und Vertrieb der Tickets und bettet die Verbindung in sein Online-Angebot ein. So können Fahrgäste künftig Fernbus- und Zug-Reisen kombinieren und auf der FlixBus-Seite die Tickets kaufen. Für diese Marketingarbeit erhält FlixBus zahlreiche Provisionen.[73] Mit deren Marketingarbeit will FlixBus nun in kürzester Zeit dafür sorgen, dass das vergangene Verlustgeschäft mit Locomore sich in einen künftigen Gewinnbringer verwandelt. Das unternehmerische Risiko übernimmt jedoch Leo-Express und will dies als Möglichkeit nutzen, in Deutschland und Europa weiter zu expandieren. Sie wollen an die gute Arbeit bei Locomore anknüpfen, welche bereits gemacht worden ist. Auch FlixBus kann sich vorstellen, in Zukunft noch weitere Strecken zu betreiben und so deren Marke noch tiefer in den Fokus bei Fernreisen zu setzen. Bereits 80 Prozent aller Sitzplätze waren bei der Premierenfahrt unter dem neuen Betreiber belegt. Damit liegen sie weit über der Auslastung der Deutschen Bahn. Doch diese Auslastung ist bei den schon bekannten 30.000 Euro Betriebskosten pro Tag notwendig.[74] Des Weiteren hat FlixBus vorerst die Preise auf unter 10 Euro gesenkt, sodass sich die anfallenden Kosten momentan noch nicht annähernd refinanzieren lassen.[75] Um das Unternehmen in den Gewinnbereich steuern zu lassen, seien also höhere Preise nötig. Dafür will sich aber FlixBus notfalls noch Zeit lassen. Ob Flixtrain in Zukunft den Betrieb von Locomore übernimmt ist noch unklar. Einige Stimmen sind sich allerdings schon sicher, dass in ein paar Monaten die Züge grün sind und Flixtrain der neue Markenname sein wird. Damit würde FlixBus die Deutsche Bahn in Zukunft auch direkt auf der Schiene mit günstigen Preisen angreifen.[76]

Das Projekt Locomore ist also bereits nach 6 Monaten vom Markt verdrängt worden, da die anfallenden Fixkosten nicht von den Crowdinvestoren gedeckt werden konnten. Mit Leo-Express konnte jedoch ein kapitalstarker Investor gefunden werden, der das Projekt für die nächste Zeit finanzieren wird und mit FlixBus ein erfahrener Marketingriese, der die Züge von Locomore wieder füllen wird. Eigenen Prognosen zufolge werde FlixBus diesen Preistrend noch einige Zeit durchsetzen, um möglichst viele Fahrgäste der Deutschen Bahn abzuwerben. Gerade momentan, eine Zeit in der die Zahl der Fernbusreisenden stagniert, ist es notwendig, deren Portfolio zu erweitern, um konservativen Bahnfahrern eine Alternative auf der Schiene zu bieten. Mit großer Wahrscheinlichkeit wird FlixBus in Zukunft noch weitere kleinere Bahnbetreiber in Kooperation mit Leo-Express übernehmen, um vielleicht irgendwann der Deutschen Bahn das Wasser reichen zu können. Für FlixBus entstehen dabei ja keinerlei Risiken zu, da sie nur das Marketing und den Service betreiben und somit keinerlei direkte

---

[73] Vgl. PENKE 2017, S. 2
[74] Vgl. ZIMMERMANN 2017, S. 1-3
[75] Vgl. NGIN MOBILITY, aufgerufen am 30.10.2017
[76] Vgl. ZIMMERMANN 2017, S. 4-5

Investitionen tätigen müssen. Nichtsdestotrotz wird sich aber erst in Zukunft zeigen, wie die Kunden auf das Fernzugangebot reagieren und ob dieses Geschäft für Investoren wie Leo-Express noch wirtschaftlich sein wird, da der Schienenverkehr mit sehr hohen Kosten verbunden ist und die Preisstrategie von FlixBus – wenn überhaupt – nur geringe Margen zulässt.

5 Bedeutung des Online-Marketings

Die richtige Marketing-Strategie ist nahezu der Schlüssel zum Erfolg eines jeden Unternehmens. Besonders in Zeiten des Internets hat sich das Online-Marketing neu behaupten können und ermöglicht eine Reichweite, welche mit keinem alternativen Medium zu erreichen ist. Zunächst eine grundlegende Definition von Prof. Dr. Michael Bernecker vom Deutschen Institut für Marketing: *„Online Marketing umfasst die gezielten Aktivitäten sowie Prozesse aller Unternehmensbereiche, die, mithilfe von Onlinemedien, Leistungen entwickeln, kommunizieren und realisieren, um einen Mehrwert für Kunden, Online-Nutzer und das Unternehmen zu erreichen.*[77]

Demnach ist Online-Marketing heutzutage unabdingbar und schafft vor allem für Startups eine essentielle Marketinggrundlage, um deren Produktidee nachhaltig und wirksam zu veröffentlichen und zugleich einen jungen Kundenstamm aufzubauen. In den folgenden Abschnitten werden die einzelnen Instrumente des Online-Marketings vorgestellt und abschließend die Potentiale erläutert.[78]

5.1 Erklärung der Funktionsweise einzelner Instrumente

Aus der vorhin zitierten Definition von Prof. Dr. Michael Bernecker kann man nun direkt mehrere Aufgabenbereiche ableiten. Grundlegend besteht hierbei jedoch der Zweck darin, die Auffindbarkeit und Reichweite von Webseiten, Plattformen und anderer Online-Angebote eines Unternehmens zu gewährleisten, zielführend zu steigern und so die Konversationsraten am Markt, also den eigenen Absatz, zu erhöhen. Dabei spielen auch die Planung, Umsetzung und Optimierung von Kampagnen eine Rolle im Online-Marketing.[79]

Folgende Abbildung beschreibt das Prinzip, durch welches zwangsweise Traffic, also interessierte Kunden, auf die eigene Webseite geführt werden sollten und mit welchem ein nachhaltiges Geschäft erzielt werden sollte. Auf dieses Schema werde ich in den folgenden Absätzen noch näher eingehen.

---

[77] DEUTSCHES MARKETING INSTITUT, aufgerufen am 15.09.2017
[78] Vgl. DEUTSCHES MARKETING INSTITUT, aufgerufen am 16.09.2017
[79] Vgl. SEM DEUTSCHLAND, aufgerufen am 31.10.2017

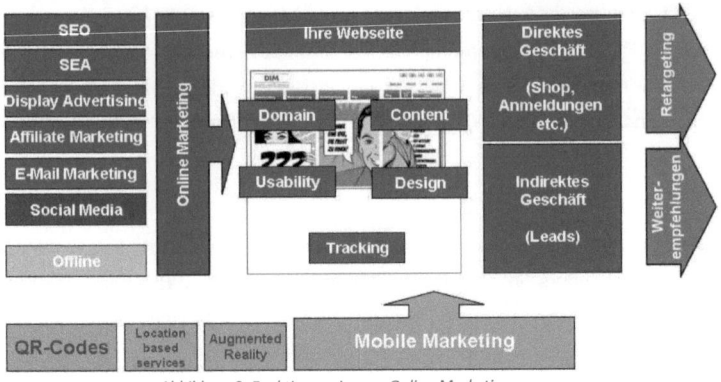

Abbildung 3: Funktionsweise von Online-Marketing
(Quelle: MARKETINGINSTITUT, aufgerufen am 15.09.2017)

Wie in der Abbildung zu sehen, stehen vielfältige Online-Marketing Tools zur Verfügung, welche analog zum sogenannten Offlinemarketing viele Vorteile mit sich bringen, da sie unter anderem mehr Reichweite, Interaktionen und Kaufabschlüsse auf der Webseite ermöglichen.[80] Bei allen Aktivitäten im Internet steht nach wie vor die eigene Webseite im Mittelpunkt, da mittels Online-Marketing versucht wird, möglichst viele Besucher auf diese zu leiten. Hierbei kommen verschiedenste Tools zum Gebrauch: mithilfe von Suchmaschinenoptimierung (SEO) wird versucht, die eigene Webseite möglichst weit oben in den Ergebnissen bei Suchmaschinen auftauchen zu lassen, was wiederum auf eine hohe Qualität der Seite hinweist und das Vertrauen der Kunden gewinnen lässt.[81] Ein weiteres oft genutztes Instrument heißt Affiliate-Marketing. Hierbei arbeiten Unternehmen mit Vertriebspartnern zusammen, welche die Angebote des Unternehmens auf deren Webseite bewerben und für jeden Klick (Pay-per-Click), Download (Pay-per-Lead) oder Verkauf (Pay-per-Sale), der durch diese Werbemaßnahme zustande kommt, erhält dieser Partner eine individuelle Vergütung.[82] Das wahrscheinlich wichtigste Instrument, welches die höchste Reichweite mit sich zieht, ist das neu entstandene Social Media Marketing. Dabei eröffnet die Einbindung von sozialen Netzwerken wie Facebook oder Twitter viele Möglichkeiten: Unternehmen können in direkten Kontakt mit den Kunden treten und gleichzeitig von deren Reaktionen profitieren, beispielsweise indem Inhalte mit „Gefällt mir" markiert oder mit anderen Personen geteilt werden.[83] Dieses Angebot wird auch oft dazu verwendet, das eigene Image zu pflegen, Kunden zu binden, Besucherzahlen für die Webseite zu steigern oder zur Suchmaschinenoptimierung.[84] Diese Instrumente stellen aber nur einen kleinen Teil des „Tool-

---

[80] Vgl. DEUTSCHES MARKETING INSTITUT, aufgerufen am 16.09.2017
[81] Vgl. WIFIMAKU, aufgerufen am 31.10.2017
[82] Vgl. NEW MEDIA, aufgerufen am 16.09.2017
[83] Vgl. WIFIMAKU, aufgerufen am 31.10.2017
[84] Vgl. OMKT, aufgerufen am 16.09.2017

Pools" dar, auf welchen Unternehmen zur Kundengewinnung im Internet zurückgreifen können. Einen wesentlichen Bestandteil im Online-Marketing-Mix stellt neuerdings auch das Mobile Marketing dar. So werden neuestens Apps, Augmented Reality[85], QR-Codes und Location based Services[86] auch dafür genutzt, um Smartphone-User permanent und individuell zu erreichen.[87]

Dieser kurze Einblick sollte nur einen kleinen Überblick geben, mit welch großem Spektrum an verschiedenen Instrumenten in der Onlinewelt neue Kunden gewonnen werden können. Im späteren Teil werde ich noch den Nutzen und die Erfolgspotentiale, welche mit Online-Marketing erzielt werden können, weiter ausführen.

5.2 Bedeutung für Startups

Um die Importanz des Online-Marketings verdeutlichen zu können, werde ich anhand der vorhin gezeigten Startups zeigen, wie sehr sich dieses auf den unternehmerischen Erfolg auswirken kann. Ein Unternehmen - und besonders ein Startup – muss in die Köpfe der Menschen gelangen und sich durch Werbung ein anerkanntes Image schaffen. Das Image ist ein ideelles Kapital, welches sich nicht erkaufen lässt und nur durch genügend und einprägsame Werbung geschaffen werden kann. Wie vorhin schon aufgeführt, wurde mit dem Online-Marketing ein neues, günstiges Instrument zur Reichweitenvergrößerung geschaffen.

Ein Startup hat meist noch keine Anhänger und man muss erst die Kunden auf dieses Angebot hinweisen, bevor man wiederkommende Einnahmen erzielen kann. Deswegen ist es umso wichtiger, möglichst viele Partner zu finden, die einem bei der Vermarktung des Produktes oder der Dienstleistung helfen. Im besten Falle profitieren beiden Seiten von der Partnerschaft.[88]

Im Beispiel FlixBus wurde seit der Gründung sehr viel in Marketing investiert. Dies zeigt sich eben auch an dem großen Erfolg, welcher innerhalb kürzester Zeit eingefahren wurde.[89] Schon seit ein paar Jahren verbindet man mit dem Fernbusangebot den Namen FlixBus und grüne Busse – doch warum ist das so?

Hinter FlixBus steht ein Netzwerk vieler Busunternehmen, welche mit einer Gesamtflotte von mehr als 3.000 Bussen täglich die europäischen Autobahnen befahren. Das Unternehmen kann alleine mit diesen Bussen einen unvorstellbaren Marketingwert einfahren, da jedes Fahrzeug grün lackiert wird und den Schriftzug „FlixBus" erhält. Des Weiteren bietet FlixBus sowohl Affiliate-Programme als auch Influencer Kooperationen an. Mit Affiliates möchte FlixBus seine Werbung auf die Webseite der Partner integrieren und so Aufmerksamkeit erregen. FlixBus zahlt im Gegenzug für jede abgeschlossene Buchung, welche die Werbung

---

[85] Augmented Reality: computergestützte Erweiterung der Realitätswahrnehmung
[86] Location based Services: versorgen auf Basis des aktuellen Standorts den Handynutzer mit Informationen, die sich im Kontext mit seinem Standort befinden
[87] Vgl. DEUTSCHES MARKETING INSTITUT, aufgerufen am 16.09.2017
[88] Vgl. DEUTSCHE STARTUPS, aufgerufen am 31.10.2017
[89] Vgl. OMR, aufgerufen am 31.10.2017

bewirkt hat, einen festen Provisionssatz an die Webseitenbetreiber. In diesem Fall muss also das Startup nur für die Werbung bezahlen, wenn sie nachweisbar etwas bewirkt hat.[90] Influencer Kooperationen richten sich besonders an alle erfolgreichen Social Media Influencer, Youtuber oder Blogger. Diese können in Form von Blogs, Vlogs oder Gewinnspielen auf FlixBus aufmerksam machen. Das Unternehmen möchte so vor allem die jüngere Gesellschaft auf das Angebot hinweisen.[91] FlixBus hat mit seiner Internetpräsenz genau die jeweils richtige Zielgruppe treffen können und so mit relativ geringen Ausgaben einen wiederkehrenden Kundenstamm generiert. Im Beispiel Locomore gibt es keine solchen Angebote zur Förderung der Öffentlichkeitsarbeit. Dies war auch unter anderem der Grund dafür, warum deren Angebot zu wenig in Anspruch genommen worden ist. Es gibt zwar auch einen Facebook- und Twitter-Account bei Locomore, jedoch haben diese eine weit geringere Anhängerschaft wie beispielsweise bei FlixBus, da zu wenig Arbeit in Marketing investiert wurde und deswegen wahrscheinlich viele potentielle, ökobewusste Kunden gar nicht erst von dem Angebot wussten. Abschließend kann man sagen, dass eine noch so gute Geschäftsidee ohne das richtige Marketing keine Anhänger und Kunden gewinnen wird. Erst wenn der Marketingprozess optimiert wurde, kann das volle Potential der Idee ausgeschöpft werden.

5.3 Nutzen und Erfolgspotentiale

Momentan nutzen 51 Millionen Deutsche das Internet und informieren sich hier über Produkte und Angebote. Mehr als die Hälfte von diesen kauft regelmäßig im Internet Produkte ein – somit gewinnt das Netz auch als Absatzkanal zunehmend an Bedeutung. Im Jahr 2011 haben deutsche Unternehmen bereits 17% vom Gesamtumsatz über das Internet erzielt.[92] Da die sehr große Reichweite zu den größten Stärken des Internets zählt, steigert Online-Marketing die Unternehmensbekanntheit effektiv und effizient. Dementsprechend verlagern große Unternehmen zunehmend ihre Werbemaßnahmen von klassischer Werbung in das Web. Die Präsenz im Internet trägt auch grundlegend zum Ansehen eines Unternehmens bei Kunden, Partnern und Lieferanten bei, da dies meist der erste Anlaufpunkt bei der Kontaktaufnahme ist. Außerdem reichen die klassischen Kommunikationskanäle längst nicht mehr aus, eine Marke zu etablieren und deren Image zu stärken. Viele Unternehmen machen den größten Teil ihres Profits mit Stammkunden. Über das Internet kann man mit diesen direkt in Kontakt treten und erhält zugleich Informationen über die Kundenwünsche. Dadurch wird zugleich die langfristige Kundenbindung an das Unternehmen gefördert.[93]

„[...] wer nicht online wirbt, verschenkt große Potentiale und riskiert früher oder später das Überleben des eigenen Unternehmens."[94] Es werden auch schon bereits erste Prognosen

---

[90] Vgl. VIGLINK, aufgerufen am 31.10.2017
[91] Vgl. FLIXBUS, aufgerufen am 16.09.2017
[92] Vgl. FUER GRUENDER, aufgerufen am 16.09.2017
[93] Vgl. MARTINGONEV, aufgerufen am 16.09.2017
[94] MARTINGONEV, aufgerufen am 16.09.2017

getroffen, wie sich die Marketingausgaben im digitalen Sektor in Europa bis 2019 entwickeln werden. Als Veranschaulichung dient hier untenstehende Abbildung.

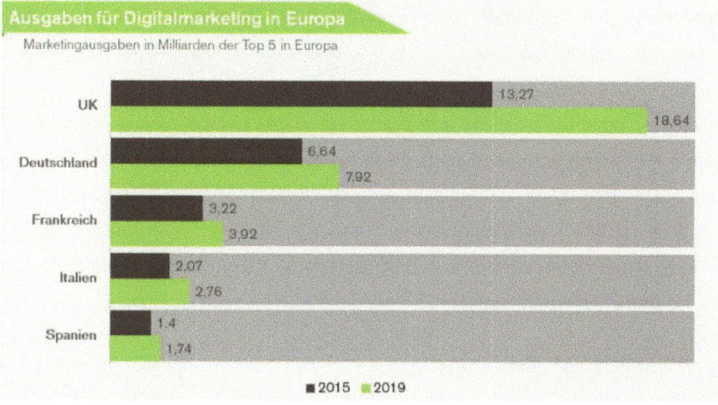

Abbildung 4: Ausgaben für Digitalmarketing
(Quelle: TOBESOCIAL, aufgerufen am 16.09.2017)

Dabei wird schnell klar, dass die klassischen Medien wie Zeitung, Radio oder TV an Bedeutung verlieren werden - junge Leute sind bereits heute kaum noch über diese erreichbar.[95]

6 Fazit

Nach diesem Exkurs zum Thema Online-Marketing wird nun auch die Bedeutung einer richtigen Marketing-Strategie klar, welche vor allem für Startups überlebensnotwendig ist. Im Falle eines Öko-Business ist diese noch weniger wegzudenken, weil so wichtige Informationen zur eigenen ökologischen Nachhaltigkeit verständlich und übersichtlich an den Mann gebracht werden können, da diese Aspekte natürlich das Alleinstellungsmerkmal und somit den Erfolg eines Unternehmens ausmachen sollen.

Im vorausgegangenen Abschnitt wurden die beiden Startups FlixBus und Locomore besonders in Hinsicht auf Geschäftsidee, Nachhaltigkeit und den aktuellen Entwicklungen analysiert. Dabei wurde festgestellt, dass sich besonders neue Gründer über deren zukünftige Öko-Effektivität Gedanken machen müssen, da diese in der Gesellschaft einen immer größer werdenden Stellenwert einnimmt und dementsprechend auch in nicht zu unterschätzendem Maße über den Geschäftserfolg mitbestimmt. Diese Leistungen in den ökologischen Faktor müssen im Folgeschritt sowohl transparent als auch authentisch – jedoch ehrlich – vermarktet werden.

Im dritten Kapitel konnte man anhand der aktuellen Ereignisse in der Automobilbranche sehen, in welch großem Ausmaß Großkonzerne das Vertrauen der Kunden über die Jahre hinweg gewonnen und dieses nun zu ihrem Nutzen umgewandelt haben. Die Stammkunden vertrauen

---

[95] Vgl. MEDIENFRAGE, aufgerufen am 31.10.2017

ihnen sozusagen blind und achteten beim Autokauf nicht auf mögliche Täuschungen, da man seit jeher keine negativen Schlagzeilen über deutsche Qualitätsautos vermerken hat können. Folglich nehmen solche Skandale, welche somit auf alle Staaten Auswirkungen haben, auch einen Einfluss auf zukünftige deutsche Exporte und wird im Allgemeinen das Vertrauen der Kunden bedeutend schwächen.

Abschließend ist anzumerken, dass sich dieser Trend des Ökobewusstseins in den nächsten Jahren noch verstärken wird, was auch die Sensibilität der Menschen beim Kauf ansteigen lassen wird – vor allem in Hinsicht auf eine verantwortungsvolle Produktion. Diese Entwicklung wird noch viele Unternehmer und Gründer zum Umdenken anregen müssen, da langfristig gesehen eine Umstellung aufgrund des eintretenden Klimawandels von allen Beteiligten gefordert und gefördert werden wird.

Literaturverzeichnis

DOLL Nikolaus 2017: Flixbus´ Allmacht bringt Busreisenden die große Ernüchterung. In: Welt, 07/2017, S. 1-6, Berlin.

ELLRICH Mirko, WIEBKE Hebold 2004: Infoblatt Global Player. In: Klett, 2004, S. 2-3, Leipzig.

GÜNTHER Edeltraud, SCHUH Heiko 2004: Definitionen, Konzepte, Kriterien und Indikatoren einer nachhaltigen Entwicklung. Dresden, Dresdner Beiträge zur Betriebswirtschaftslehre Nr. 39/00.

OBERHUBER Nadine 2016: Verflixt günstig reisen. In: Zeit Online, 09/2016, S. 5, Frankfurt.

PENKE Michel 2017: Zug-Startup Locomore fährt wieder. In: NGIN MOBILITY, 08.2017, S. 2, Berlin.

REUTERS Thomson 2016: VW-Chef verspricht mehr Nachhaltigkeit. In: Handelsblatt, 01/2016, S. 4, München.

RIEGLER Birgit 2005: Öko-Business – Unternehmen mit grünem Daumen. In: Peter F. Mayer, November 2005, S. 32–33, Wien.

ROTHER Richard 2016: Orangenfarbene Revolution. In: taz, 12/2016, S. 2-3, Berlin.

SCHEIDE Joachim 2008/09: Globalisierung und die deutsche Wirtschaft – Gewinner und Verlierer? Kiel, Seminararbeit zur „Konjunktur- und Wachstumspolitik".

STAHLMANN Volker, CLAUSEN Jens 2000: Umweltleistung von Unternehmen – Von der Öko-Effizienz zur Öko-Effektivität. Betriebswirtschaftlicher Verlag Gabler Lehrbuch.

WEIMER Marco 2017: „Ich habe lieber Flixbus als einen Doktortitel". In: Gründerszene, 2/2017, S. 1-2, Berlin.

WISCHNIEWSKI Thomas 2016: Nach Diesel-Skandal: VW legt Nachhaltigkeitsbericht für 2015 vor. In: Handelsblatt, 12/2016, S. 7-9, Wolfsburg.

ZIMMERMANN Max 2017: Flixbus beginnt seinen Angriff auf der Schiene. In: Welt, 08/2017, S. 1-5, Berlin.

Internetverzeichnis

ABSTURZ DER VW-AKTIE IM HINTERGRUND DES DIESEL-SKANDALS, aufgerufen am 30.08.2017

http://www.spiegel.de/wirtschaft/unternehmen/bild-1053918-899635.html

AUSGABEN FÜR DIGITALMARKETING, aufgerufen am 16.09.2017

http://tobesocial.de/blog/digital-advertising-trends-prognosen-werbeausgaben-deutschland-europa-uk-marketing-ausgaben-werbung

AUSSTOSSE PRO PERSON IM VERGLEICH, aufgerufen am 31.08.2017

http://www.fernbusse.de/fernbus/umwelt/

AUTOMOBIL INDUSTRIE, aufgerufen am 31.10.2017

https://www.automobil-industrie.vogel.de/volkswagen-think-blue-factory-ein-neues-ziel-a-616734/

BERLINER MORGENPOST, aufgerufen am 18.10.2017

https://www.morgenpost.de/wirtschaft/article208472385/Der-Angstgegner-der-Bahn.html

BUNDESZENTRALE FÜR POLITISCHE BILDUNG, aufgerufen am 31.10.2017

http://www.bpb.de/apuz/175496/transnationale-unternehmen-problemverursacher-und-loesungspartner?p=all

CHIP, aufgerufen am 31.10.2017

http://www.chip.de/news/Wachstum-eingebrochen-Deutscher-Fernbus-Markt-stagniert_109570367.html

DAIMLER, aufgerufen am 14.10.2017

https://www.daimler.com/konzern/tradition/geschichte/1885-1886.html

DEUTSCHE BAHN, aufgerufen am 18.10.2017

http://www.deutschebahn.com/de/konzern/konzernprofil/zahlen_fakten/mitarbeiter.html

DEUTSCHE BAHN CHRONIK, aufgerufen am 18.10.2017

http://www.deutschebahn.com/de/konzern/geschichte/chronik/1835_1918.html

DEUTSCHE STARTUPS, aufgerufen am 31.10.2017

https://www.deutsche-startups.de/2016/07/08/social-media-marketing-startups-wissen-muessen/

DEUTSCHES MARKETING INSTITUT, aufgerufen am 15.09.2017

https://www.marketinginstitut.biz/blog/was-ist-online-marketing-definition/

DEUTSCHES MARKETING INSTITUT, aufgerufen am 16.09.2017

https://www.marketinginstitut.biz/blog/was-ist-online-marketing-definition/

DEUTSCHE WIRTSCHAFTS NACHRICHTEN, aufgerufen am 30.08.2017

https://deutsche-wirtschafts-nachrichten.de/2017/06/04/mehr-nachhaltigkeit-volkswagen-stellt-produktion-grundlegend-neu-auf/

FERNBUSSE, aufgerufen am 29.06.2017

http://www.fernbusse.de/aktuelles/jeder-zehnte-flixbus-fahrgast-reist-klimaneutral-1386/

FERNBUSSE, aufgerufen am 31.08.2017

http://www.fernbusse.de/fernbus/umwelt/
FLIXBUS, aufgerufen am 29.06.2017

https://www.flixbus.de/unternehmen/umwelt

FLIXBUS, aufgerufen am 31.08.2017

https://www.flixbus.de/unternehmen/partner

FLIXBUS, aufgerufen am 31.08.2017

https://www.flixbus.de/unternehmen/ueber-flixbus

FLIXBUS, aufgerufen am 16.09.2017

https://www.flixbus.de/unternehmen/partner

FLIXBUS, aufgerufen am 30.10.2017

https://www.flixbus.de/unternehmen/presse/pressemitteilungen/mit-fernbus-und-rad-durch-europa

FUER GRUENDER, aufgerufen am 16.09.2017

https://www.fuer-gruender.de/wissen/existenzgruendung-planen/marketingmix/online-marketing/

FUNKTIONSWEISE VON ONLINE-MARKETING, aufgerufen am 15.09.2017

https://www.marketinginstitut.biz/blog/was-ist-online-marketing-definition/

GLOBALISIERUNG FAKTEN, aufgerufen am 30.08.2017

https://www.globalisierung-fakten.de/globalisierung-informationen/gruende/unternehmen-global-player/

GLOBALISIERUNG FAKTEN, aufgerufen am 30.10.2017

https://www.globalisierung-fakten.de/globalisierung-informationen/nachteile-der-globalisierung/

KUBISS, aufgerufen am 30.08.2017

https://www.kubiss.de/bildung/projekte/schb_netz/globalisierung/glob_folgen.htm

LOCOMORE, aufgerufen am 11.09.2017

https://archiv.locomore.com/de/catering/

MARTINGONEV, aufgerufen am 16.09.2017

https://www.martingonev.de/online-marketing-nutzen/

MEDIENFRAGE, aufgerufen am 31.10.2017

http://medienfrage.de/2016/07/14/die-mediennutzung-im-wandel/

NEW MEDIA, aufgerufen am 16.09.2017

http://www.nc-newmedia.de/online-marketing/

NGIN MOBILITY, aufgerufen am 30.10.2017

http://ngin-mobility.com/artikel/warum-flixbus-nun-mit-locomore-kooperiert/

N-TV, aufgerufen am 30.10.2017

http://www.n-tv.de/reise/Locomore-lockt-mit-Kampfpreisen-article19023591.html

OEKOBUSINESS WIEN, aufgerufen am 29.08.2017
http://unternehmen.oekobusiness.wien.at/oekobusinesswien/erfolge/

OEKOBUSINESS WIEN, aufgerufen am 29.08.2017

http://unternehmen.oekobusiness.wien.at/oekobusinesswien/umweltpreisgewinner/

OEKOBUSINESS WIEN, aufgerufen am 30.10.2017
http://unternehmen.oekobusiness.wien.at/res/oebpw/image/OeBW_Beratungsangebot_2017.pdf

OMKT, aufgerufen am 16.09.2017

http://www.omkt.de/social-media-marketing-definition/

OMR, aufgerufen am 31.10.2017

https://omr.com/de/podcast-flixbus-daniel-krauss/

PWC, aufgerufen am 30.08.2017

http://www.pwc.de/de/nachhaltigkeit/vorsicht-greenwashing-konsumenten-blicken-hinter-die-gruene-fassade.html

SEM DEUTSCHLAND, aufgerufen am 31.10.2017

http://www.sem-deutschland.de/online-marketing/#Online-Marketing_Ziele

SONNENSEITE, aufgerufen am 11.09.2017

http://www.sonnenseite.com/de/mobilitaet/locomore-crowdfunding-zug-faehrt-mit-oekostrom.html

SPIEGEL ONLINE, aufgerufen am 11.09.2017

http://www.spiegel.de/reise/aktuell/crowdfunding-bahn-locomore-startet-auf-der-strecke-stuttgart-berlin-a-1119563.html

TAZ, aufgerufen am 18.10.2017

http://www.taz.de/!5395873/

TERRA INSTITUTE, aufgerufen am 31.10.2017

https://www.terra-institute.eu/warum-sich-nachhaltigkeit-fuer-unternehmen-lohnt/

UMWELTBERATUNG, aufgerufen am 31.10.2017

http://www.umweltberatung.at/oekobusinesswien

VERKEHRSRUNDSCHAU, aufgerufen am 31.10.2017

https://www.verkehrsrundschau.de/nachrichten/vw-und-fraunhofer-erforschen-loesungen-fuer-nachhaltige-produktion-691337.html

VIGLINK, aufgerufen am 31.10.2017

https://www.viglink.com/merchants/40533/flixbus-affiliate-program

WAZ ONLINE, aufgerufen am 31.10.2017

http://www.waz-online.de/Wolfsburg/Stadt-Wolfsburg/Neue-Lackiererei-im-VW-Werk

WELT, aufgerufen am 11.09.2017

https://www.welt.de/wirtschaft/article163552868/Wo-Locomore-besser-als-Deutsche-Bahn-und-Fernbus-ist.html

WELT, aufgerufen am 30.10.2017

https://www.welt.de/wirtschaft/article164487727/Beim-Fernverkehr-ist-die-Deutsche-Bahn-wieder-Monopolist.html

WELT, aufgerufen am 31.10.2017

https://www.welt.de/motor/news/article162997911/Treibhausgas-Bilanz-2016.html

WIFIMAKU, aufgerufen am 31.10.2017

https://wifimaku.com/online-marketing/suchmaschinenoptimierung-7766212.html

WIFIMAKU, aufgerufen am 31.10.2017

https://wifimaku.com/online-marketing/social-media-marketing-7766247.html

WIRTSCHAFTSLEXIKON24, aufgerufen am 31.10.2017

http://www.wirtschaftslexikon24.com/d/nachfrage/nachfrage.htm

ZEIT ONLINE, aufgerufen am 30.08.2017

http://www.zeit.de/wirtschaft/unternehmen/2015-10/vw-meldet-milliarden-verlust

Anhang

1 E-Mail von Martina K.

„Lieber Jonas,

vielen Dank für Dein Interesse an Locomore, dem neuen ölologischen Fernzug von Stuttgart nach Berlin und zurück. Unser Zug fährt mit 100 % regenerativ erzeugtem Naturstrom. Naturstrom ist ein Ökostromanbieter, der bereits mehrfach mit Preisen versehen wurde, wie z.B. dem "Deutschen Nachhaltigkeitspreis", da Naturstom eine Vorreiterrolle beim Ausbau der Erneuerbaren Energien eingenommen hat.

Wenn Du mehr über Naturstrom wissen möchtest, findest Du hier Infos dazu: naturstrom.de

Was ist an Locomore Öko?

Unsere Vision ist es, mehr Menschen vom privaten Auto in den Zug zu bekommen. Denn Zug fahren ist die definitiv umweltfreundlicher Variante. Damit mehr Menschen mit unserem Zug fahren, bieten wir Preise, die sich auch Familien mit Kindern leisten können. Außerdem gibt es in unserem Zug ein Kleinkinderabteil mit einer Holzeisenbahn und Bilderbüchern.

Wir haben da, wo es machbar war, ökologische bzw. fair trade Produkte eingesetzt. Das gesamte Bordcatering kommt in Berlin von dem Demeter Bauernhof "Domäne Dahlem". Unser Bordblatt findest Du anbei. In Stuttgart erwerben wir die Brezel, süße Teile und Kuchen von dem Biobäcker "Königsback". Unsere Getränke sind ausschließlich biologisch erzeugte Produkte.

http://koenigsbaeck.homepage.t-online.de/14743.html

Unsere Mitarbeiter nutzen für die Ticketkontrolle an Bord "Fairphones". https://shop.fairphone.com/de/, sie tragen Biobaumwollhemden, die in Berlin und Polen hergestellt wurden.

Mit freundlichen
Grüßen Martina K.

„Die Masche mit der sauberen Energie - wie Investoren mit falschen Versprechungen absahnen.

Nirgends wird so viel geschummelt und getrickst wie im grünen Sektor. Eine Geschichte über Ökolügen und bittere Wahrheiten. Die Idylle scheint perfekt. Die Gemarkung Welmbüttel, in der schleswig-holsteinischen Geest gelegen, wirbt mit einem imposanten Findling aus der Eiszeit als Topsehenswürdig-keit. Ansonsten: viel Wasser, viel Wald und noch mehr Beschaulichkeit. Andererseits kann man sich des Eindrucks nicht erwehren, dass die lokale Eiszeit immer noch nicht ganz überstanden ist, jedenfalls, was das zwischenmenschliche Klima angeht. Die rund 25 Windmühlen, die in der Gegend aufgestellt werden sollen, spalten das 400-Seelen-Dorf. Ortsoffizielle und Landbesitzer (oft in Personalunion) sind dafür; ein starkes Bürgerbündnis wendet sich dagegen. "Wir stehen mit der Forke im Anschlag", sagt Eike Ziehe; die Diplomingenieurin führt die Anti-Windkraft-Bewegung an. Nachbarn reden kaum noch miteinander, eine kirchliche Friedensinitiative scheiterte. Bislang haben Ziehe und Alliierte die Anlagen verhindern können. "Aber wir müssen wohl noch zwei weitere Jahre kämpfen", glaubt die energische Frau, die ihren Mitstreitern regelmäßig die Frage stellt: "Geht ihr noch mit?" Im sturmumtosten Dithmarschen, wo mehr als 800 Windräder stehen und gefühlt aus jedem Kohlkopf ein Rotor wächst, lässt sich gut beobachten, was Windkraft heutzutage bedeutet. Alles, alles sauber, alles von Gutmenschen getriggert? Von wegen! Es geht vor allem um gute Geschäfte, da müssen Fauna (tote Vögel), Flora (gerodete Wälder) und ethische Motive im Zweifel hintanstehen. Nirgends wird so viel weichgezeichnet, verhüllt und getrickst wie mit vermeintlich sauberer Energie. In dieser Business-Sphäre am Rande der sozialen Marktwirtschaft dominiert knallhartes Gewinnstreben. Kommunalvertreter, Landverpächter, willfährige Gutachter und ellenbogenstarke Ökobetriebe wirken da oft kongenial zusammen. Hinzu kommt: Die üppigen, staatlich garantierten Gelder locken Abzocker und Anlagebetrüger an. Selbst feinste Adressen sind nicht gefeit. Mitarbeiter der Deutschen Bank schummelten mit Kohlendioxidzertifikaten; der Haupttäter darf seit Ende 2016 saubere Gefängnisluft atmen. Volkswagen muss für die Mogelei mit Clean-Diesel immer mehr Milliarden zurückstellen. Momentan erschüttert ein mysteriöses 60-Millionen-Loch im Gelben-Sack-System Industrie, Handel und Müllkutscher. Das tat sich auf trotz so schöner, in Behördenprosa verfasster Vorschriften wie der "Mitteilung 37 der Bund/Länder-Arbeitsgemeinschaft Abfall" - in der Sammelzunft auch als "LAGA M37" bekannt. Keine Frage, die Regulierung im Umweltsektor bordet über. Sie schafft Schlupflöcher, die ständig durch neue Eingriffe geschlossen werden müssen, was wiederum neue Umgehungstatbestände schafft. Eine unendliche Kette, die ans Steuerrecht erinnert. Besonders perfide wird die Ökolüge, wenn die Politik der Wirtschaft vermeintlich saubere Großtechnologien erst aufoktroyiert und sie dann wie beim Atomausstieg zwingt, sie teuer wieder abzuwickeln. Welche Energieformen sind heute also wirklich sauber und nachhaltig, verdienen mithin das Prädikat "grün"? Eine Wahr-heitsfindung in fünf Akten.

1. Windkraft: Die Tarnkappen

Es war gut gemeint, aber - wie so oft - nicht gut gemacht. Bis Ende 2016 erhielten alle neuen Windparks eine staatlich festgelegte Einspeisevergütung. Seit diesem Jahr werden die Pro-jekte ausgeschrieben, nur die Günstigsten bekommen den Zuschlag. Das schafft mehr Wett-bewerb und senkt die Kosten. Dabei hätte man es bewenden lassen können. Aber der Ge-setzgeber wollte partout eine soziale Komponente einbauen. Anlagen, die Bürger gemein-sam errichten, werden besonders bevorzugt, damit sie gegen Branchenriesen wie RWE, Eon und Co. eine Chance haben. Die Bürgerkooperativen genießen skurrile Vorteile: Sie können mit noch ungenehmigten Projekten bieten, sich viereinhalb Jahre Zeit lassen mit dem Bau (normal: zwei Jahre). Das hält die Aufwendungen sehr gering. Um die Schutzbedürftigkeit nachzuweisen, müssen mindestens zehn der beteiligten Investoren seit einem Jahr im Land-kreis leben. Und sollte aus dem Vorhaben nichts werden, ist lediglich eine Mickerpönale fäl-lig: 30 Euro pro Kilowatt, zahlbar in Raten. Die Hilfsaktion für die Lokalen ging gründlich schief. Private Firmen, professionelle Projektentwickler, tarnen sich als Bürgergesellschaft und sichern sich den Großteil der Ausschreibungen. Ein Trick: Der Windpark firmiert als GmbH & Co. KG. Geschäftsführer und Gesellschafter des haftenden Komplementärs sind meist leitende Angestellte des Projektierers. Die erforderlichen Kommanditisten findet man dann schon in der Region, sie sind oft mit wenigen Euro dabei. Der Anlagenhersteller Ener-con spricht von "Fake-Gesellschaften". Auffallend oft wurde exakt das erforderliche Quorum von 10 Investoren gemeldet, nicht 11 oder 13. Und viele Firmen waren erst kurz vor den Auktionen gegründet worden. So kam es, dass bei der Ausschreibung im Mai ein Windprofi namens Enertrag AG aus Brandenburg rund jedes fünfte Projekt gewann; bei der Auktion im August entfielen auf ein einzelnes Unternehmen, die Meißener UKA, sogar knapp zwei Drit-tel der Vorhaben. Offiziell alles Bürgerwindparks und daher formal legal. Den Juristen der un-terlegenen Konzerne blieb nichts anderes übrig, als dies zerknirscht anzuerkennen. Im No-vember steht die nächste Vergabe an. Die Windbranche rechnet damit, dass dann nur noch Scheingesellschaften mit ungenehmigten Dumpingprojekten zum Zuge kommen. Für die Zu-kunft hat der Gesetzgeber - reichlich spät und halbherzig - nachjustiert. Bei den ersten zwei Ausschreibungen 2018 sollen ausschließlich genehmigte Projekte bieten dürfen. Und da-nach? Soll sich die neue Bundesregierung kümmern. Ungereimtheiten, Mauscheleien und Tarnversuche - auch die Bewilligung der Anlagen folgt diesem Muster, quer durch die Re-publik. Genehmigungsbehörden, vermeintlich unabhängige Gutachter und Investoren kun-geln fleißig, um selbst massive Widerstände zu brechen. Im Landkreis Cuxhaven machte ein heutiger Bürgermeister das passende ornithologische Gutachten gleich selbst. Treten Probleme auf, wie ein vermehrtes Kollisionsrisiko mit Vögeln, wird die Methodik geändert, so geschehen im hessischen Ronneburg, damit aus einem Artenschutzgebiet doch noch eine Windvorrangfläche wird. Schallmessungen, die zunächst zu hoch ausfallen, werden in einer zweiten Expertise passend gedimmt. Und wer die Windkraft treu begleitet, darf auf Belohnung hoffen. Die ehemalige grüne Energieministerin in Rheinland-Pfalz, Eveline Lemke, sitzt seit Juni im Aufsichtsrat der ABO Wind AG aus Wiesbaden. Selbst die Medien werden gefügig gemacht. Windkraftkritiker hatten dem nordhessischen Lokalsender "Eder Dampfradio" ein Interview gegeben. Der örtliche Energieversorger bekam offenbar Wind davon, jedenfalls wurde das Gespräch nie gesendet. Ortsansässige vermuten ökonomische Zwänge - die Firma sponsert die Dampfplauderer. Intransparenz gehört zum Geschäft, die Profite sollen möglichst unbeobachtet maximiert werden. Die Fährte des hiesigen Windkraftbetreibers Breeze Two Energy GmbH & Co. KG führt bis auf die Cayman Islands. Dass in dem Betrieb Millionenverluste anfielen, zum 31. Dezember 2015 eine bilanzielle Überschuldung vorlag, ließ sich auch so nicht verbergen. Neuerdings wird fleißig mit der Gutmenschen-Attitüde geworben. So versteht sich die Firma Newrizon (eine Kurzform von: neuer Horizont) als "Sozialunternehmen", ködert Gemeinden mit "humaner Marktwirtschaft": 90 Prozent der Windgewinne sollen in der Region bleiben und zum Beispiel an kommunale Fördervereine oder Stiftungen fließen; 10 Prozent kassieren die Gesellschafter. "Das klingt nach heiler Welt", sagt der Windenergieverbandsfunktionär Andreas Jesse aus Mecklenburg-Vorpommern, wo Newrizon zuerst auftrat. "Man muss es aber auch umsetzen." Der Horizonterweiterer möchte über konkrete Projekte derzeit nicht reden. Man befinde sich noch in der Testphase.

2. Elektroauto: Die Dreckschleuder

Die öffentliche Stimmungslage ist eindeutig: Diesel gleich Stinker, Benziner gleich Klimakiller. Das sanft schnurrende Elektroauto, das weder über Motor noch Auspuff verfügt: eine rundum saubere Angelegenheit. Denkste! Und trotzdem stürzen sich die deutschen Verbrennungskünstler mit Verve auf das batteriegetriebene Vehikel, wollen den US-Pionier Tesla links, rechts und am liebsten auch noch in der Mitte überholen. Volkswagen, BMW und Daimler haben bis 2025 rund 150 neue Modelle angekündigt. Die Gefahr ist groß, dass Deutschland nach der übereilten Energiewende beim Verkehr den gleichen Fehler noch mal macht und einer ökologischen Illusion erliegt. Denn bislang ist das Elektroauto alles andere als umweltfreundlich. Die Produktion verursacht 60 Prozent mehr CO2-Emissionen als die Herstellung konventioneller Pkw. Vor allem die Batterie, die rund 40 Prozent der E-Autokosten ausmacht, ist eine Umwelt- und Sozialsünde. Den Rohstoff Kobalt schlagen im bürgerkriegsgeschädigten Kongo Kinder aus der Erde. Die Lithiumförderung in Südamerika verbraucht gewaltige Mengen an Grundwasser. Kurios, aber wahr: Selbst beim Feinstaub schneidet der Stromer kaum besser ab als der Diesel; der meiste Schadstoff entsteht durch den Abrieb von Reifen und Bremsen, darauf kann selbst ein E-Auto nicht verzichten. Zudem tricksen die Hersteller bei der Fahrleistung von Elektrokarossen genauso dreist wie bei Pkw traditioneller Machart. Die Reichweiten werden meist im städtischen Kriechgang gemessen, in der realen deutschen Autobahnwelt leert sich die Batterie bedeutend schneller. Der gängige Expertenschnack geht so: Die Ökonachteile bei der Herstellung könne der E-Autofahrer durch "geringere Umweltwirkungen in der Nutzungsphase kompensieren", schreibt das Fraunhofer-Institut für Bauphysik. Ja, ist möglich, wird nur sehr schwer mit dem gegenwärtigen Stromcocktail. Der besteht nämlich immer noch zu rund 50 Prozent aus Kohle und Gas. Daran wird sich auch so schnell nichts ändern. Im Jahr 2020, hat die Unternehmensberatung McKinsey hochgerechnet, stößt ein Elektroauto im Schnitt 107 Gramm CO_2 aus, der EU-Grenzwert liegt dann bei 95. Erst ab gefahrenen 125 000 Kilometern fällt die Umweltbilanz eines Stromers besser aus als die eines Dieselfahrzeugs. Eine andere Rechnung ist noch verstörender: Würden alle momentan in Deutschland cruisenden Autos zu Elektromobilen und Windstrom tanken, müssten rund 20 000 zusätzliche Mühlen in die deutsche Provinz gestellt werden - irre.

3. Stromverkauf: Die Ökoschummler

Gero Lücking (54), Geschäftsführer Energiewirtschaft des Hamburger Ökostromanbieters LichtBlick, wählt seine Worte normalerweise mit Bedacht. Doch beim Thema Strommix kann er sich richtig in Rage reden: "Eigentlich sollten Verbraucher aufgeklärt werden, aber der Versuch endet in maximaler Falschinformation." LichtBlick hat mit fünf anderen Partnern untersucht, wie sich der Strom von 40 Energieanbietern zusammensetzt. Ergebnis: Jeder vierte trickst, gibt sich umweltfreundlicher, als er in Wahrheit ist. Die Schummler nutzen eine verwirrende Regelung im Gesetz. Die sieht vor, dass bei der Stromkennzeichnung die sogenannte EEG-Umlage mit ausgewiesen werden muss. Damit finanziert jeder Verbraucher den Bau von Wind- und Solarkraft. Der Staat wollte auf diese Weise Transparenz schaffen, das Gegenteil ist eingetreten. Die E-Mauschler schlagen die Umlage einfach auf ihren Grünstromanteil auf, also jene Charge, die sie wirklich aus erneuerbaren Energien beziehen. Und gerieren sich als vermeintliche Ökomusterschüler. So warben etwa die Stadtwerke Kiel damit, "über 47 Prozent" der Elektrizität stamme "aus regenerativen Quellen". Tatsächlich kauften sie nur ein paar Prozent sauberen Strom für ihre Kunden ein. Mittlerweile haben die Holsteiner ihre Kommunikation zwar leicht angepasst, behaupten aber immer noch, "vermehrt auf klima- und umweltschonende Erzeugungsarten" zurückzugreifen. Konsumentenschützer haben Energieversorger bereits wegen Irreführung abgemahnt. Es ist wie so oft im durchregulierten deutschen E-Staat: Eine neue Vorschrift muss her. Ein Forschungs- und Beratungsauftrag wurde schon erteilt, die Ergebnisse sollen Anfang Dezember in einem sogenannten Stakeholder-Workshop des Bundeswirtschaftsministeriums vorgestellt werden. Lücking: "Wir machen weiter Druck."

4. Fonds: Die Grünwaschanlage

Zopf und Sandalen, orangefarbenes T-Shirt; stets umwehte Carsten Rodbertus (56) die Aura eines Nachhaltigkeitsgurus. Der Prokon-Gründer stellte seine Windfirma spektakulär in den Schatten: Sie musste Insolvenz anmelden, Rodbertus gehen. Zigtausende Anleger hatten ihr Erspartes in - so grausam kann Sprache sein - Genussrechte investiert; einen großen Teil davon sehen sie nicht mehr wieder. Auch andere hat's kalt erwischt: Windreich, Conergy, Solar Millennium, den Holzstiftespezialisten German Pellets - und zuletzt den Bonner Sonnenanbeter Frank Asbeck (58), der einfach nicht aufgeben mag und einen Teil seines faillierten Milliardenunternehmens Solarworld weiterführt. Oft folgen den Bankrotten Anklagen wegen Insolvenzverschleppung oder gar Betrug. Das Ökoregime aus garantierter Staatsknete, so scheint es, zieht immer wieder Abzocker an und unternehmerische Leichtgewichte, die sich an gutgläubigen Anlegern vergehen. Sich mit einem grünen Saubermannimage zu schmücken, fällt oft gar nicht schwer. Der boomende Markt für Ökoanleihen lädt ebenfalls dazu ein. Die Neuemissionen der sogenannten Green Bonds steigen seit Jahren rasant. Einiges davon ist allerdings schlichtweg Greenwashing. Das Problem: Es fehlen einheitliche internationale Standards. Was für die einen so gerade noch als grün durchgeht, ist für andere schon dunkelgelb bis braun. So hat der spanische Konzern Repsol in diesem Frühjahr einen Ökobond über 500 Millionen Euro emittiert. Repsols Kerngeschäft: Erdöl. Und auch Frankreichs EDF zielt regelmäßig auf das gute Anlegergewissen - dabei ist die Firma Europas größter Atomkraftbetreiber.

5. Energiekosten: Die Cent-Illusion

Was kostet die Energiewelt? Im Subventionsbericht der Bundesregierung sind Maßnahmen zur Energieeffizienz, im Wesentlichen die umstrittene Gebäudedämmung, aufgeführt, alles in allem gut zwei Milliarden Euro - Kleckerbeträge. Der Großteil der Aufwendungen findet sich dort nicht, weil sie nicht der Steuerzahler, sondern der Stromkunde begleicht, wiewohl beide in den meisten Fällen ein und dieselbe Person sind: Mal fließt es aus der linken, mal aus der rechten Tasche. Geradezu verniedlicht wird die offiziell dokumentierte EEG-Umlage. Die Bundesnetzagentur weist sie in Cent pro Kilowattstunde aus. Sie bewegt sich derzeit im Bereich von 7 Cent. Dafür gibt's am Kiosk noch nicht mal eine Schleckmuschel. Selten unternimmt mal einer den Versuch, die Kosten in toto aufzulisten. Ein Team um den früheren Chef der Monopolkommission, Justus Haucap, hat sich der Mühe unterzogen. Das Düsseldorfer Institut für Wettbewerbsökonomie schätzte Ende vergangenen Jahres die Gesamtkosten der Energiewende bis 2025 auf 520,5 Milliarden Euro. 15 verschiedene Positionen kamen zusammen. Abgaben, Umlagen, Entgelte, diverse Notfallreserven - ein Dickicht ist mit handelsüblichen Macheten leichter zu durchdringen. Längst empfehlen Ökonomen der künftigen Bundesregierung, das System radikal zu vereinfachen, mehr marktwirtschaftliche Elemente einzuführen. Jeder klimaschädliche Ausstoß, egal wer ihn verursacht hat, soll mit einem einheitlichen CO_2-Preis bestraft werden. Das reiche vollkommen aus. Der Tarif, mit sozialem Ausgleich für Schlechterverdienende, ließe sich auf einem Bierdeckel verewigen. Ob es so weit und so einfach kommt, ist indes fraglich. Man hat es sich so behaglich eingerichtet in der komplizierten wie kostspieligen Bundeswattrepublik. Schon wird das nächste Subventionsfass aufgemacht. Die Bauern, als Landbesitzer Hauptprofiteure der Windindustrie, wollen an der Energiewende noch ein bisschen mehr verdienen. Für Erdkabel, die unter ihren Wiesen und Äckern verlegt werden, verlangen sie nicht nur eine Entschädigung für Ernteausfälle, sondern eine jährliche Miete. Mal, lyrisch wertvoll, als "Akzeptanzzahlung" bezeichnet, mal unter dem Titel "Bauernmaut". Wie auch immer die Dreistigkeit benannt wird: Teurer macht sie den Strom auf jeden Fall." [97]

---

[97] manager magazin Nr. 11 vom 20.10.2017 Seite 90 / TRENDS